Renward Brandstetter

Malaio-Polynesische Forschungen

3. Band

Renward Brandstetter

Malaio-Polynesische Forschungen
3. Band

ISBN/EAN: 9783743607859

Hergestellt in Europa, USA, Kanada, Australien, Japan

Cover: Foto ©Andreas Hilbeck / pixelio.de

Weitere Bücher finden Sie auf **www.hansebooks.com**

MALAIO-POLYNESISCHE FORSCHUNGEN

VON

DR. RENWARD BRANDSTETTER

MITGLIED DER GESELLSCHAFT FÜR KÜNSTE UND WISSENSCHAFTEN IN BATAVIA
UND DES INDISCHEN INSTITUTES IM HAAG.
VERTRETER DER GESELLSCHAFT FÜR KÜNSTE UND WISSENSCHAFTEN IN BATAVIA
AM INTERNATIONALEN ORIENTALISTENKONGRESS IN GENF

III.
Die Geschichte von Hang Tuwah.
Ein älterer malaiischer Sittenroman

ins Deutsche übersetzt.

Luzern
Verlag der Buchhandlung Geschw. Doleschal
1894.

Vorwort.

Die Hikajat Hang Tuwah ist eines der hervorragendsten Erzeugnisse der malaiischen Litteratur. Es ist ein originaler volkstümlicher Prosaroman, dem höchst wahrscheinlich geschichtliche Tatsachen zu Grunde liegen. Verfasser, Zeit und Ort der Abfassung sind uns unbekannt, doch ergiebt sich aus innern Gründen mit ziemlicher Sicherheit, dass der Roman bald nach 1600 geschrieben worden ist.

Der Titel Hikajat Hang Tuwah bedeutet „die Geschichte von Hang Tuwah". Dieses ist der Hauptheld des Romans. Tuwah bedeutet „Glücklich" und Hang ist persönlicher Artikel.

Der Roman ist herausgegeben, in arabischen Lettern, von Prof. G. K. Niemann, in seiner Bloemlezing uit Maleische Geschriften, I., Haag, Martinus Nijhoff, 1892 (vierte Auflage). Er nimmt in dieser Anthologie S. 1—104 ein. Der Text ist nach den besten Handschriften kritisch hergestellt.

Die Hikajat Hang Tuwah verdient in dreifacher Hinsicht Beachtung. Sie ist einmal eine wichtige Fundgrube für ethnographische Forschung. Die beiden Hauptpersonen sind zusammen die Personifizierung des malaiischen Naturells, Hang Tuwah repräsentiert die bessere, Hang Djebat die schlimmere Seite. Ueber die materielle Kultur der Malaien früherer Zeit, über Sitten und Gebräuche, sogar über das Geberdenspiel, besonders aber über das Leben und Treiben am Hofe, über Ritterlichkeit, Etikette und „feine Bildung" giebt uns der Roman die detaillierteste Auskunft.

Auch in ästhetischer, litterar-historischer Hinsicht ist die Hikajat keineswegs ohne Wert. Selbstverständlich darf man eine malaiische Dichtung nicht mit dem gleichen Massstab messen, wie ein Produkt europäischer Litteraturen. Der Roman besitzt eine interessante Verwicklung, die zu einer befriedigenden Lösung gelangt. Die Charaktere sind mit festen klaren Zügen und gehöriger Konsequenz gezeichnet, vorab die der beiden Hauptpersonen. Die weitblickende Königin Tun Tidja und der kurzsichtige König erinnern an Ospirin und Attila im Waltharilied. Der Bendahara ist ein im Dienste des Königs ergrauter weiser und edler Staatsmann. Ein warmer Hauch von Freundschaft, Pietät und Treue zieht sich durch die ganze Dichtung, es ist das die Stimmung, welche auch für die malaiische Epik charakteristisch ist. Als kundiger Psychologe erscheint uns der Verfasser namentlich bei der Schilderung des Anlasses, der den Hang Djebat auf seine bösen Wege führt (S. O. 42). Dass ihm auch eine humoristische Ader nicht fehlt, zeigt S. O. 95 und 96.

Neben diesen Vorzügen weist der Roman auch bedeutende Mängel auf. Dass der Verfasser in der Geographie schwach ist (z. B. S. O. 28 ff.) und eine Vorliebe für grosse Zahlen hat (z. B. S. O. 9), wollen wir ihm nicht zu hoch anschlagen.

Schlimmer ist, dass er in der zweiten Hälfte gleichartige Schilderungen fast wörtlich wiederholt. Die Beschreibung des Zweikampfes zwischen Hang Tuwah und Hang Djebat ist viel zu weitläufig angelegt. Recht kurios ist, dass Hang Tuwah, nachdem er dem Hang Djebat eine Wunde beigebracht, einfach davon geht (S. O. 95) und ihn ungeniert „Tausende und Tausende" hinmorden lässt. Dass Hang Djebat's Leichnam zum Schluss am Heerwege aufgehängt wird, ist für unser Gefühl abstossend, es steht auch nicht im Einklang mit der sonstigen Handlungsweise des Hang Tuwah.

Endlich ist der Roman auch in sprachlicher Hinsicht von Bedeutung, er ist in reiner schöner malaiischer Kunstprosa geschrieben. Das hindert allerdings nicht, dass wir auf nicht wenige schwierige Stellen stossen. Auch ist der malaiische Stil ziemlich einförmig, da er keine grösseren Perioden baut. Speziell auf das Konto des Verfassers ist zu schreiben, dass Vordersätze wie „Als der König diese Worte des Bendahara vernommen hatte" in langweiliger Weise immer und immer wiederkehren.

Ich glaube, diese Darlegungen rechtfertigen es, dass ich eine Uebersetzung des Hang Tuwah erscheinen lasse. Ich habe einen weiteren Leserkreis im Auge und will mit dieser Uebertragung namentlich auch ein Hilfsmittel für das Studium der malaiischen Sprache schaffen. Darnach richtet sich auch die Anlage meiner Uebersetzung. Ich habe überall möglichst wörtlich übersetzt, die idiomatischen und bildlichen Wendungen genau wiedergegeben, den Satzbau und, soweit es tunlich war, auch die Wortstellung beibehalten. In den Anmerkungen finden sich die nötigen Erläuterungen, nur Ausdrücke, die ganz bekannt sind, wie Kriss, Kampong, habe ich nicht erklärt. Zur grösseren Bequemlichkeit für solche Leser, welche meine Uebertragung als Hilfsmittel für sprachliche Studien verwenden wollen, gebe ich auch die Seitenzahlen des Originales, in Klammern, an.

Die malaiischen Wörter haben den Accent auf der zweitletzten Silbe, das Wort Djebat ist auf der letzten betont.

Es erübrigt mir noch, meinem verehrten Lehrer, dem Herausgeber des Romans, meinen herzlichen Dank dafür auszusprechen, dass er mich bei dieser Arbeit in liebenswürdigster Weise unterstützt hat.

Die Geschichte von Hang Tuwah.

(1) Folgendes ist die Geschichte von Hang Tuwah. Er war der Sohn des Hang Mahmud. Seine Heimat war Sungai Dujung. Die Einwohner von Sungai Dujung vernahmen die Kunde, dass der König von Bintan ein trefflicher Herrscher sei und leutselig gegen jedermann. Als auch Hang Mahmud das hörte, sagte er zu seiner Frau, welche Dang Merdu hiess: „Hör, meine Liebe, wir wollen nach Bintan ziehen. Dieses ist eine grosse Stadt, wir drei, du, ich und unser Kind sind sehr arm, daher wollen wir nach Bintan übersiedeln, dass wir dort etwa Verdienst finden." Dang Merdu sagte: „Ich bin mit deiner Meinung einverstanden." In derselben Nacht träumte Hang Mahmud, der Mond steige vom Himmel und überstrahle ganz das Haupt des Hang Tuwah [1]). Da erwachte er plötzlich aus dem Schlafe, stand auf und nahm seinen Sohn Hang Tuwah auf den Schoss. Er bemerkte, dass dessen ganzer Leib wie von Narde duftete [2]). Am Morgen erzählte er Frau und Kind seinen Traum ausführlich. Als die Mutter die Erzählung ihres Gatten gehört hatte, wusch sie sofort dem Hang Tuwah das Haupt und badete ihn. Dann gab sie ihm ein Kain, ein Badju und ein Destar [3]), alles weiss. Ferner gab sie ihm Reis zu essen, mit Kurkuma gewürzt, und Hühnereier. Endlich veranstaltete man eine religiöse Feier (2) zu Ehren der hingeschiedenen Vorfahren und liess das Gebet um Glück verrichten. Jetzt sprach, den Sohn umarmend und küssend, Hang Mahmud zu seiner Frau: „Gieb mir ja acht auf unsern Sohn, lass ihn nicht zu weit weg spielen gehen. Er hat allerlei Unarten an sich. Aber wollte ich ihn auch in die Schule schicken, hier können wir keinen Lehrer auftreiben, und so ermangelt er noch ganz der Bildung. Unter diesen Umständen eben wollen wir nach Bintan übersiedeln, denn das ist eine grosse Stadt und es giebt viele Lehrer dort." Die Frau antwortete: „In diesem Falle wollen wir die nötigen Anstalten treffen und unsere Habseligkeiten zusammenpacken."

Hang Mahmud brachte alles in Ordnung und übersiedelte zu Schiff nach Bintan. In nicht gar langer Zeit war er dort angelangt. Er baute sich ein Haus nahe beim Kampong des Bendahara [4]) Paduka Radja. Ferner richtete er einen Kramladen ein und verkaufte Esswaren. Unterdessen wurde Hang Tuwah grösser und erlernte auch das Geschäft seiner Eltern. Der Vater und der Sohn schafften Brennholz herbei, Hang Tuwah spaltete es mit der Axt vor der Krambude, die Mutter sass drinnen

---

[1]) [2]) Das waren glückverkündende Vorzeichen.
[3]) Kain ist das Kleidungsstück zur Bedeckung des Leibes von der Brust an abwärts, eine umgeschlungene Hülle; Badju ist das Kleidungsstück für den Oberleib, eine Art Jacke; Destar ist das Kopftuch.
[4]) Der Bendahara (mit vollem Titel: Bendahara-Paduka Radja, siehe S. O. 39) ist der höchste Staatsbeamte.

und besorgte den Verkauf. Wenn Hang Mahmud von seinen Geschäften heimkam, so begab er sich zum Bendahara, ihm seine Ehrfurcht zu bezeugen. Und wenn er sich irgendwo hinbegeben wollte, verabschiedete er sich beim Bendahara und gieng erst dann auf die Reise.

Hang Tuwah hatte nun Unterricht genossen, sein Lebensalter war zum zehnten Jahre gelangt. Er hatte sich mit vier gleichalterigen Knaben befreundet, einer hiess Hang Djebat, (3) der andere Hang Kasturi, der dritte Hang Lakir und der vierte Hang Lakiwa. Das Verhältniss dieser fünf Freunde zu einander war ein überaus herzliches. Wenn sie spielen giengen, wohin es sein mochte, nie trennten sie sich. Wenn sie assen und tranken, sie waren immer beisammen. Wie unter Brüdern, ganz so war ihr gegenseitiges Begegnen. Nun ereignete es sich eines Tages, dass Hang Tuwah sagte: „Hört, meine vier Brüder, könnten wir da, fünf Brüder, nicht mit einem Lading[1]) unter Segel gehen, um der Küste nachzufahren und etwas zu verdienen zu suchen, da oder dort?" Da antworteten Hang Djebat und Hang Kasturi: „Warum sollten wir, fünf Brüder, nicht imstande sein, mit einem Schiffe auszusegeln?" Hang Tuwah sprach weiter: „Wenn ihr einverstanden seid, dann ist's gut. Mein Vater hat ein Schiff, ein Lading, gehörig mit Segeln versehen. Also, wir wollen an Bord, wir nehmen Proviant an Reis mit, etwa zehn Gantang's auf jeden von uns." Hang Djebat und Hang Kasturi sagten: „Jetzt wollen wir nach Hause, die Vorbereitungen zu treffen." Ein jeder begab sich heim und teilte den Eltern den Plan mit. Diese sagten: „Der Gedanke, den ihr fünf Brüder gefasst, ist gut, wir sind damit einverstanden." Die Eltern versahen ihre Söhne mit Reis, Hang Tuwah erhielt von seinem Vater einen Kriss und ein Schwert, die andern vier ebenso. Als alle Anstalten getroffen waren, nahmen die fünf Freunde Abschied von ihren Eltern, giengen an Bord und segelten nach einer Insel, Pulau Tinggi. Nach einiger Zeit erblickte Hang Tuwah drei (4) Prauen[2]), die alle drei nach dieser Insel steuerten. Hang Tuwah sprach: „Freunde, jetzt heisst's aufpassen! Feindliche Schiffe scheinen's zu sein, die da kommen, die drei Prauen." Die andern sahen, dass Hang Tuwah recht hatte, und Hang Djebat sagte: „Es scheinen wirklich feindliche Schiffe zu sein, was werden wir tun?" Hang Kasturi antwortete: „Was wollen wir uns lange beraten? was wir nur wünschen können, das ist da"[3]). Und auch Hang Lakir und Hang Lakiwa sprachen: „Ja, wozu das?[4]). Wir wollen sie nicht gehen lassen, bis wir oder sie tot sind, und damit basta!" Da sprach Hang Tuwah und lächelte dabei: „Meine Brüder, ich überlege mir die Sache etwas genauer und finde es da angezeigt, dass wir den Kampf mit ihnen auf der Insel aufnehmen. Unsere Prau ist klein, hier müssten wir unterliegen, der Prauen, die da kommen, sind es drei, sie sind gross und haben viele Waffen und eine bedeutende Bemannung. Daher wäre es für uns keine leichte Sache, mit ihnen zu kämpfen." Da sprach Hang

---

[1]) Eine Art Fahrzeug.
[2]) Schiff.
[3]) Nämlich: eine Gelegenheit zu tapfern Taten.
[4]) D. h.: „Wozu wollten wir uns lange beraten?"

Kasturi: „Was dir da angezeigt scheint, müssen wir aber sofort ins Werk setzen, denn die Prauen kommen uns immer näher." Da steuerte Hang Tuwah nach der Insel. Wie die drei feindlichen Prauen ein Lading bemerkten, und sahen, dass dessen Bemannung bloss aus Knaben bestand und dass es eiligst der Insel zustrebte, so setzten sie Sampan's¹) gegen dasselbe aus, im Glauben, man flüchte sich vor ihnen. Als die Boote näher kamen, sah die Bemannung, dass es fünf Knaben waren, alle fünf gleichalterig und von schöner Gestalt. — Unterdessen war die Prau Hang Tuwah's ans Land gestossen. — Die Männer, welche sie verfolgten, riefen erfreut: „Diese Knaben haben wir getroffen, dass sie unsere Genossen werden." (5) Nun landete die Bemannung der drei Sampan's an der Insel, um sich der fünf Knaben zu bemächtigen. Hang Tuwah und seine vier Freunde fassten am Ufer Posten und erwarteten den Feind. Die Männer der drei Sampan's stiegen schleunigst ans Land und eilten auf die Knaben zu, um sie zu ergreifen. Unterdessen hatten Hang Tuwah und seine vier Brüder Seligi's²) zur Hand genommen, jeder drei. Als die Feinde vor Hang Tuwah standen, so schleuderte er einen Seligi und traf einen Mann in den Oberschenkel, dass er sitzlings zu Boden stürzte und nicht mehr aufstehen konnte. Hang Djebat schleuderte ebenfalls und traf einen weitern Mann. Da liefen die Angreifer nach ihren Sampan's, Seligi's und Blasrohre zu holen. Drauf griffen sie den Hang Tuwah und seine Freunde mit den Blasrohren an. Die Bolzen kamen herangeschwirrt, so dicht wie starker Regen. Die Feinde schrieen: „Tötet diese Kinder des Unglückes, sie lieben ihre Eltern nicht." Ein anderer dagegen rief: „Nein, wir wollen sie nicht töten, wir wollen sie zu unsern Genossen machen." Wieder einer rief: „Hört, Knaben, kommt und ergebt euch uns in Unterwürfigkeit, es soll euch dann nichts geschehen." Da rief Hang Djebat, die Seligi's und die Bolzen der Blasrohre mit den Seligi's in seiner Hand abwehrend: „So, ich sollte mich euch unterwerfen, ich meinte, ihr alle solltet euch mir unterwerfen, dass ihr von mir Verzeihung für eure Verbrechen erhieltet." Unter diesen Worten machten Hang Djebat und seine vier Freunde wieder einen Angriff. Sie trafen wiederum, fünf Feinde stürzten sitzlings zu Boden (6) und konnten sich nicht mehr erheben. Als dies ihre Genossen sahen — es waren noch zwölf — da gerieten sie in argen Zorn und riefen: „Tötet diese Kinder des Unglückes." Zugleich griffen sie die fünf Knaben mit Wurfspiess und Blasrohr an, und zwar im bittern Ernst. Da zogen Hang Tuwah und seine vier Freunde den Kriss, warfen sich auf die zwölf Feinde und stachen wütend nach ihnen. Hang Tuwah traf zwei Männer tötlich, ebenso töteten die andern Freunde vier Männer. Die übrigen liefen schnell nach ihren Sampan's und ruderten nach ihren drei grossen Prauen zurück. Als die Feinde fort waren, hoben Hang Tuwah und seine vier Freunde die Verwundeten auf und brachten sie in ihre Prau. Das eine Sampan, das die Feinde nicht mitgenommen hatten, fiel ihnen zur Beute anheim. Dann segelte Hang Tuwah weiter, in der Richtung von Singapura. Unterdessen waren die flüchtigen Feinde bei ihren grossen Prauen angelangt. Alles, was sich er-

---
¹) Eine Art Boote.
²) Kurzer hölzerner Wurfspiess.

eignet hatte, wie ihre Gefährten teils getötet, teils verwundet worden waren, berichteten sie ihrem Anführer. Als dieser den Bericht seiner Leute gehört hatte, geriet er in grossen Zorn. Er kommandierte: „Lichtet die Anker!" Er sah, dass die Prau der Knaben die Richtung nach Singapura eingeschlagen hatte. Sich am grossen Maste postierend, rief er: „Hurtig, gerudert und die Segel gehisst!" Man ruderte der Prau Hang Tuwah's nach. — Durch Fügung Allah's des Allerhöchsten erschien plötzlich, aus der Meerenge heraussteuernd, der Batin [1]) von Singapura (7) mit sieben Dendang's [2]). Er wollte nach Bintan. Hang Tuwah sah die sieben Dendang's aus der Strasse von Singapura heraussteuern, da liess er auf sie zurudern. Nun bemerkte auch die Bemannung der Dendang's ein Lading: sie sahen, dass dessen Bemannung aus fünf Personen bestand, dass es von drei feindlichen Prauen verfolgt wurde und dass diese schon auf dem Punkte waren, dasselbe zu erreichen. Da sprach der Batin von Singapura: „Auf, ihr Männer, wir wollen rasch auf das Schiff zusteuern, es wird von einem Feind verfolgt. Möglicherweise sind's von unsern Leuten." Die Bemannung der sieben Dendang's ruderte rasch auf das Lading zu, da zogen sich die drei feindlichen Prauen zurück, und das Schiff Hang Tuwah's gelangte zu den sieben Dendang's. Da sah der Batin von Singapura, dass es ein Lading war und dass die Bemannung bloss aus fünf gleichalterigen, gut aussehenden Knaben bestand. Er rief: „He, Knaben, wohin wollt ihr, woher kommt ihr, wie heisst ihr?" Hang Tuwah antwortete: „Ich heisse Hang Tuwah, und das sind meine vier Brüder Hang Djebat, Hang Kasturi, Hang Lakir und Hang Lakiwa. Wir wohnen in Bintan und stehen unter dem Bendahara. Unser Beruf ist, der Küste nachzufahren, um etwas zu verdienen, und so sind wir auf den Feind gestossen." Hang Tuwah erzählte darauf die ganze Affaire, wie sie mit dem Feinde gefochten, dem Batin. Als der Batin diesen Bericht Hang Tuwah's vernommen hatte, (8) war er hocherfreut und sprach: „Wohin gedenken meine jungen Herren unter diesen Umständen sich zu wenden?" Hang Tuwah erwiederte: „Mit Ihrer gütigen Erlaubnis möchten wir nach Bintan zurückkehren, denn wo der Feind, die drei Prauen, sich hinbegeben wird, kann man nicht wissen, jedenfalls wird er erfahren wollen, was mit den Genossen, die wir gefangen genommen, den zehn Männern, geschieht". Als der Batin diese Worte des Hang Tuwah gehört hatte, sagte er: „Es wäre am geratensten, meine jungen Herren würden in meine Prau hinübersteigen und die Gefangenen ebenfalls hierher schaffen lassen, eure Prau soll dann mein Schiff ins Schlepptau nehmen, denn die drei feindlichen Schiffe sind jedenfalls noch in diesem Seestrich." Hang Tuwah sprach: „Ich bin mit Ihrem Vorschlag einverstanden." Nun liess Hang Tuwah die Gefangenen, die zehn Männer, in das Schiff des Batin schaffen. Dieser sprach zu ihnen: „Sagt, ihr Männer, woher ist der Feind, wie heisst euer Anführer, wie viele Schiffe haben eure sonstigen Gefährten?" Sie antworteten: „Wir sind insgesamt Feinde aus Siantan, wir haben zehn Schiffe, unser Anführer heisst Aria Negara. Aus Djemadja sind zehn weitere Schiffe. Wir sind auf einem Raubzug nach Palembang begriffen. Nun sind von unserer Flotte die einen Schiffe bereits passiert, wir sind zurückgeblieben.

---

[1]) Gouverneur. [2]) Eine Art Schiff.

Der Grund unseres Erscheinens ist, dass der Patih¹) Gadjah Mada, ein Manteri²) des Herrschers von Madjapahit, an alle Vorsteher der Ortschaften längs der Gewässer, die unter Madjapahit stehen, den Befehl hat ergehen lassen, einen Raubzug nach Palembang zu unternehmen, und ans Land zu steigen, nach dem Bukit (9) Siguntang³). Da sollen wir plündern nach dem Befehle des Patih Gadjah Mada, denn wir alle stehen unter Madjapahit." Als der Batin diese Aussagen vernommen, sagte er: „Unter diesen Umständen ist es das klügste, schnell nach Bintan zu steuern, diese Angaben sind sehr glaubwürdig. Meine fünf Brüder haben sich da ein grosses Verdienst um Seine Majestät erworben." Die sieben Dendang's fuhren weiter. Hang Tuwah und Hang Djebat machten dem Batin ein Geschenk von fünfhundert Blasrohren. Im Weitersegeln bemerkte die Bemannung der Dendang's, dass die drei feindlichen Prauen sich noch in der Nähe befanden. Hang Tuwah wünschte voll Kampfeslust einen Angriff auf dieselben. Aber der Befehlshaber, der Batin, sagte: „Gedulde dich einstweilen, ich will mich möglichst rasch zum Herrn Bendahara begeben, damit ich das Vernommene zu den Ohren des Königs gelangen lassen kann⁴). Und was dann der König beschliesst, haben wir zu tun. Denn das Verdienst meiner fünf Brüder ist wirklich gross⁵)." — Nach einiger Zeit gelangte man nach Bintan. Die fünf Freunde nahmen Abschied vom Befehlshaber, dem Batin, um sich nach Hause zu begeben. Da sagte der Batin: „Ich wünsche beim Kampong meiner Brüder anzulegen". Hang Tuwah sprach: „Wir fünf Brüder wohnen mit unsern Eltern gerade neben dem Kampong des Bendahara." Der Befehlshaber: „Schön! Mögen mich meine jungen Freunde nur nicht vergessen, denn wir sind nun Brüder geworden." Hang Tuwah: „Auch wir denken so, wie könnten wir fünf (10) Ihre Liebenswürdigkeit vergessen? Allerdings sind wir nur ganz niedrig stehende Menschen." So nahmen die fünf Freunde Abschied, und jeder begab sich nach Hause.

Am folgenden Morgen spaltete Hang Tuwah mit einer Axt Brennholz vor seiner Krambude. Durch Zulassung Allah's des Allerhöchsten kam ein Amokläufer über den Pasar⁶) gerannt. Sehr viele Menschen wurden von ihm erstochen, andere verwundet. Alle, welche da Buden hatten, verliessen dieselben und flüchteten sich in ihre Kampong's hinein. Eine gewaltige Aufregung bemächtigte sich der ganzen Stadt Bintan. Die Leute, die da liefen, schrieen: „Hang Tuwah, willst du denn ermordet werden, dass du dich nicht in den Kampong flüchtest? Kommt denn nicht hier ein Amokläufer?" Hang Tuwah spaltete sein Holz weiter und sagte: „Was redet man da von Amokläufern? Sie sollen nur kommen, so viele ihrer sind! Unsere

---

¹) Patih ist eine Titulatur für hohe Beamte.
²) Rat. Minister.
³) Madjapahit ist das grosse Hindujavanische Reich auf Java. Palembang und Singapura gehören zum malaiischen Reich, dessen Residenzstadt Bintan ist (später Malaka, siehe S. O. 30). Der Bukit (Hügel) Siguntang ist die heilige Begräbnisstätte der malaiischen Herrscher, bei Palembang. In unserm Romane sind Madjapahit und das malaiische Reich verfeindet.
⁴) Durch den Bendahara.
⁵) D. h.: die Sache ist wirklich überaus wichtig.
⁶) Marktplatz.

Stadt hat ja ihre Hulubalang's[1]) und Pegawai's[2]), um solche Kerls unschädlich zu machen. Sie werden schon getötet werden." Während er so redete, sah Hang Tuwah's Mutter den Amokläufer mit gezücktem Kriss auf Hang Tuwah zurennen. Sie rief ihm, droben auf ihrer Bude[3]), zu: „O, mein Sohn, klettere rasch auf die Bude hinauf, noch zur rechten Zeit!" Als Hang Tuwah die Worte seiner Mutter hörte, da richtete er sich auf, fasste den Stiel der Axt und erwartete so den Amokläufer. Dieser rannte auf ihn zu und stach mehrere Male nach seiner Brust. Hang Tuwah wich, beiseite springend, den Stichen aus. (11) Sie trafen nicht. Nun sprang Hang Tuwah hinzu, führte mit der Axt einen Streich nach dem Kopf des Mannes, traf und spaltete ihn entzwei. Der Amokläufer stürzte zu Boden und endete. Alles war voll Verwunderung, als man sah, wie Hang Tuwah den Amokläufer mit der Axt tötete. Die Menge rief: „Wir haben mit unsern Augen etwas Wunderbares gesehen: Ein Knabe von zehn Jahren hat einem Amokläufer stand halten können, nur mit einer Axt." Ein anderer sagte: „Sicherlich wird dieser Knabe einst ein grosser Hulubalang im malaiischen Lande." Es kam auch dem Hang Djebat, Hang Kasturi, Hang Lakir und Hang Lakiwa zu Ohren, dass Hang Tuwah den Amokläufer bestanden. Sie machten sich schnell auf, den Hang Tuwah aufzusuchen. Als sie zu ihm kamen, sagten Hang Djebat und Hang Kasturi: „Ist's wahr, dass unser Freund soeben einen Amokläufer bestanden hat, mit einer Axt?" Hang Tuwah erwiederte lächelnd: „So ist's, meine Freunde, aber er war gar nicht ein Mann zu nennen, dieser Amokläufer. Sie würde mich dauern, die Hand, die ihn mit einem Kriss[4]) hätte bestehen wollen. Gut genug, einem solchen den Garaus zu machen, ist gerade eine Axt oder ein Stück Holz." Nach diesen Worten gieng Hang Tuwah mit seinen vier Freunden nach seinem Hause und bewirtete sie mit Speise und Trank, auf das freigebigste. Die Freunde meinten: „Aber Freund, einen solchen Gegner darfst du doch nicht gering achten." Während sie so redeten, hörte man wieder die Leute auf dem Pasar schreien, es war ein wilder Lärm, man schrie: „Amokläufer im Kampong des Bendahara!" Die fünf Freunde (12) traten schnell unter die Haustüre, und sahen nun, wie alles auf dem Pasar da- und dorthin rannte. Die einen rissen Palissaden aus dem Pagar[5]), da sie keine Zeit mehr hatten, in die Kampong's hineinzukommen[6]), andere verbargen sich unter den Buden, wieder andere kletterten eiligst auf die Buden hinauf, oder auf einen Pagar, da sie sonst nicht entrinnen konnten, und stürzten sich hinunter[7]). Gerade zu dieser Zeit war der Bendahara auf dem Wege sich zum Fürsten zu begeben, begleitet von Pegawai's und Tun's[8]). Der Bendahara war gerade in die Nähe der Bude des Hang Tuwah gelangt, da kamen die Amokläufer — es

---

[1]) Krieger, Offizier, Vorfechter.
[2]) Beamte.
[3]) Sie war hinaufgeklettert.
[4]) Einer edeln Waffe.
[5]) Die feste Einfriedigung eines Kampong's.
[6]) Nämlich durch die Tore.
[7]) Nämlich auf der innern Seite.
[8]) Tun ist eine Titulatur für hohe Beamte.

waren vier — mit gezücktem Kriss dahergerannt. Alles, was ihnen in die Quere kam, wurde niedergestochen. Als sie den Bendahara über den Pasar gehen sahen, stürzten sie auf ihn zu. Die Pegawai's und die Tun's, die hinter dem Bendahara daherschritten, stoben insgesamt davon, in den ersten besten Kampong hinein. Als der Bendahara sah, wie ihn die Pegawai's und Tun's im Stiche liessen, stand er still und zog seinen Kriss, um den Angriff zu erwarten, denn die Amokläufer rannten direkt auf ihn zu. Die fünf Freunde, die Situation des Bendahara bemerkend, konnten den Drang ihres Herzens nicht länger bemeistern, sie schrieen kampfesmutig: „Oho, was soll das wieder sein? Bei Allah! Wenn Allah uns, seinen Dienern hilft, soll der Bendahara von diesen vier Kerls nicht ermordet werden. Es mögen noch vierzig dazu kommen, wir machen uns nichts daraus." Sie zogen ihre Krisse, rannten hin, alle fünf, und postierten (13) sich vor den Bendahara. Jetzt waren auch die vier Amokläufer da, sie schrieen: „He, Kinder, wir wollen nur den Bendahara und den Tumenggung¹) töten." Hang Tuwah rief: „Was, ihr schnöden Kerls, kennt ihr mich nicht? Ich bin Hang Tuwah, ein Hulubalang des Landes Bintan. Seine Majestät hat mich beordert, euch, Missetäter, zu töten" ²). Auf diese Worte Hang Tuwah's gerieten die Amokläufer in Wut, warfen sich auf Hang Tuwah und seine vier Freunde und stachen in einem fort nach ihnen. Diese wichen, nach rechts und nach links springend, den Stichen aus. Als die Amokläufer innehielten, sprangen Hang Tuwah und Hang Djebat hinzu und stachen: Einer stürzte zu Boden und endete. Ebenso sprangen Hang Kasturi, Hang Lakir und Hang Lakiwa hinzu und stachen: Ein zweiter stürzte und endete. Die beiden letzten kämpften mit Hang Tuwah und beide fielen durch seine Hand. Als der Bendahara sah, wie diese fünf Knaben sich vor ihn postierten und die Amokläufer töteten, ergriff ihn ein bewunderungsvolles Staunen, angesichts des Heldenmutes dieser Knaben. Er nahm den Hang Tuwah und den Hang Djebat bei der Hand und begab sich mit den fünf Freunden nach dem Balai ³). Auch Hang Mahmud wurde mitgenommen. Im Balai sprach der Bendahara: „Das war wacker, wie sich der Sohn Hang Mahmud's soeben vor mir postiert hat." Hang Mahmud sagte: „Herr, Ihr kleiner Diener da ist erst gestern zurückgekehrt. (14) das ist der Grund, dass ich Ihnen denselben noch nicht präsentiert habe." Der Bendahara fragte: „Wo sind die Väter der andern vier Knaben?" Hang Mahmud antwortete: „Diese Ihre vier Diener sind auch da." Der Bendahara liess sie rufen, und sie erschienen vor ihm. Als er sie erblickte, sagte er: „Ja so, ich meinte, dass die Väter dieser Knaben wohl nur unbedeutende Leute wären, ich wusste nicht, dass es meine Freunde Dulah, Samut, Hang Mansur und Hang Schams sind. Hätte ich gewusst, dass Sie Söhne haben, so hätte ich Sie schon längst gebeten, dieselben Seiner Majestät, dem Könige, präsentieren zu dürfen, damit sie Biduwanda's ⁴) würden, denn Sie, meine Herren, sind von guter Abkunft." Als der Bendahara geendet hatte, trug

---
¹) Ein hoher Staatsbeamter, für Justiz und Polizei. dem Range nach auf den Bendahara folgend.
²) Hang Tuwah renommiert.
³) Grösseres Gebäude für Versammlungen, Empfang von Gästen. Beherbergung von Fremden etc., Hier ist vom Balai des Bendahara die Rede.
⁴) Leibbedienter, Leibwächter.

man Speisen auf, der Bendahara sass beim Essen allein, Hang Mahmud und die andern vier Väter sassen bei einander. Dann brachte man zu trinken und dazu allerlei Leckereien. Edelsteingeschmückte Pokale giengen in der Runde herum. Als ein jeder mehrere Pokale bewältigt hatte, ertönten die Rebana's [1]. Sänger mit wohllautender Stimme sangen festliche Lieder, in schöner Abwechslung. Auch die Pegawai's und Tun's, die davon gelaufen waren, kamen und hätten gerne Einlass gehabt, aber der Bendahara liess die Türe schliessen und verweigerte ihnen den Zutritt. Jetzt schenkte der Bendahara den Vätern der fünf Knaben Ehrenkleider, das Kleid, das (15) er selber am Leibe trug, zog er aus und gab es dem Hang Tuwah, auch die andern vier Knaben bekamen Ehrenkleider, jeder einen ganzen Anzug. Ja, diese zehn Personen, Väter und Söhne, wurden in der gleichen Stunde dreimal vom Bendahara beschenkt, nur dass Hang Tuwah mehr Geschenke bekam, als die andern neun. Darauf führte der Bendahara den Hang Tuwah und seine vier Freunde in sein Haus [2]. zu seiner Gemahlin. Er sprach zu ihr: „Sieh', meine Liebe, das sind die Knaben, welche soeben die Amokläufer getötet haben, vor meinen Augen. Ich nehme sie an zu Brüdern unseres Sohnes Tun Mat." Hang Tuwah machte, wie die andern vier Freunde, eine Verbeugung bis zu den Füssen des Bendahara und seiner Gemahlin und sprach: „Was uns, Ihre Diener, anbelangt, so sind wir, niedrige Sklaven, nun Ihre Diener geworden, ich will sagen, ganz spezielle Diener zu Ihren Füssen" [3]. Jetzt liess die Gemahlin des Bendahara die Mutter des Hang Tuwah holen, ebenso die Mutter des Hang Djebat, Dang Bau, die Mutter des Hang Kasturi, Dang Siganda, die Mutter des Hang Lakir, Dang Hebat, und die Mutter des Hang Lakiwa, Dang Seri. Sie erschienen sofort. Die Gemahlin des Bendahara sagte: „Aber, Mutter Hang Tuwah's, schon lange wohnst du neben unserm Kampong, dennoch bist du noch nie zu uns plaudern gekommen, daher kannte ich dich nicht." Da sagten die fünf Frauen: „Wir sind schon längst Ihre untertänigsten Dienerinnen, aber wir sind so beschränkte Geschöpfe und sind daher noch nie vor Ihnen erschienen. Wenn Sie es aber befehlen, so sind wir, Sklavinnen, so dreist, vor Ihrer Würdigkeit zu erscheinen. Und so sind wir denn jetzt (16) so dreist gewesen, wir, Ihre Sklavinnen, vor Ihren Füssen zu erscheinen. Wir sind, von Geschlecht zu Geschlecht, Sklaven zu Ihren Füssen." Nun wurden alle fünf Frauen von der Gattin des Bendahara reichlich beschenkt und bewirtet. Sie nahm auch den Hang Tuwah und seine vier Freunde an Sohnesstatt an und sagte: „Höre, mein Sohn Hang Tuwah, wenn euch, meine fünf Söhne, irgend etwas fehlt, so bittet nur euere Mutter darum, denn ich habe euch an Kindesstatt angenommen." Da sprach Hang Tuwah: „Wir sind schon Ihre Diener gewesen und sind nun noch viel mehr Ihre Diener geworden. Wem wollten wir uns anvertrauen, wenn nicht Ihnen und Ihrem Gemahl?" Drauf verabschiedeten sich die Fünf mit Verbeugungen bis zu den Füssen des Bendahara und seiner Gemahlin. Dann begaben sie sich nach dem Balai, sassen da und plauderten

---

[1] Tamburin.
[2] Bisher waren sie im Balai, vergl. S. 7.
[3] Die geschraubten Wendungen bekunden die grosse Ergebenheit.

mit Tun Mat, dem Sohne des Bendahara. Auch die fünf Mütter verabschiedeten sich beim Bendahara und seiner Gemahlin und kehrten heim.
In dieser Zeit kamen Biduwanda's zum Bendahara und überbrachten ihm einen Befehl, der ihn zum Könige rief. Der Bendahara begab sich hin und trat vor den König. Als der König ihn erblickte, sprach er: „Ist's wahr, dass Amokläufer Sie, mein Werter, angegriffen haben, auf dem Pasar, soeben?" Der Bendahara: „Majestät, es ist so, aber es hatte nichts zu bedeuten, Herr!" Der König: „Es hat doch was zu bedeuten. Wer war in Ihrer Begleitung? Welche Pegawai's haben standgehalten, welche sind davongelaufen?" Der Bendahara lächelte und schwieg. Der König: (17) „Mein Werter, verheimlichen Sie mir nichts, sagen Sie die Wahrheit, damit ich Vergeltung üben kann." Der Bendahara: „Majestät! Ich bitte Ihre Majestät um Gnade und Verzeihung für Ihre Diener. Sie waren ein wenig verwirrt, da sie die Amokläufer sahen, denn es waren nicht nur einer oder zwei!" Als der Fürst diese Worte des Bendahara gehört, lächelte er: „Ist's wahr, was man mir berichtet hat? Sind da wirklich fünf Knaben gekommen und haben sich vor Ihnen postiert? Und sind diese es gewesen, welche die Amokläufer getötet?" Der Bendahara: „Majestät, es ist so, die Knaben haben die Amokläufer getötet, sie haben sich wacker gehalten." Der König: „Wer sind die fünf Knaben? Wem gehören sie? Sind sie aus achtbarem Hause?" Der Bendahara: „Majestät! Die fünf Knaben sind alle Kinder achtbarer Eltern. Der eine, Hang Tuwah, ist der Sohn eines Mannes, der früher in Sungai Dujung wohnte. Jetzt sind seine Eltern nach Bintan gezogen. Sie haben sich zu meinen Diensten gestellt. Hang Tuwah's Vater heisst Hang Mahmud. Die fünf Knaben habe ich an Kindesstatt angenommen, sie sollen Biduwanda's Ihrer Majestät werden. Ihre Namen habe ich aufschreiben lassen, alle fünf. Auch die Namen ihrer Eltern weiss ich, sie wohnen neben meinem Kampong." Als der König diese Worte des Bendahara gehört hatte, sprach er: „Ich bitte Sie, werter Bendahara, (18) um diese Knaben, ich will sie zu Biduwanda's machen, in meiner Astana"¹). Der Bendahara: „Majestät, ich biete diese Knaben Ihrer Majestät dar. Da ich und mein ganzes Haus Ihrer Majestät Sklaven sind, wie viel mehr sind es diese fünf Knaben." Als der König diese Worte des Bendahara vernommen, erhielt der Bendahara ein Ehrengeschenk: das prächtige Gewand, das der Fürst trug, zog dieser vom Leibe und überreichte es dem Bendahara. Der König erhob sich und begab sich nach der Astana. Der Bendahara kehrte, nachdem er sich verabschiedet, heim. — Tun Mat plauderte mit Hang Tuwah und seinen vier Freunden: „Meine Freunde, wir wollen, uns zu amüsieren, nach der Insel Birama Dewa fahren. Dort hat's Korallen und Muscheln und Wild. Bis wir zum Könige gerufen werden, können wir dorthin gehen." Hang Tuwah und Hang Djebat sagten: „Einverstanden, Herr, wir wollen Sie begleiten." Nach diesem Gespräch verabschiedeten sich die fünf Freunde und giengen heim. Am folgenden Morgen begaben sich Tun Mat und die fünf Freunde, um sich zu amüsieren, nach der Insel. Als man ankam, wurden alle Bewohner der Insel von Tun Mat aufgefordert, bei der Jagd mitzuwirken. Das geschah. Die Jagd

---

¹) Die Wohnung des Königs, ein spezieller Teil der Palastanlage.

war sehr lebhaft und in Menge erlegte man Wild. Tun Mat und Hang Tuwah hatten viele Unterhaltung auf dieser Insel und dabei trennten sie sich nie von einander. Wohin Hang Tuwah gieng, (19) war auch Tun Mat dabei, und wohin Tun Mat gieng, folgte auch Hang Tuwah, immer ganz in der Nähe. Da sagte Hang Tuwah zu Tun Mat: „Jetzt wollen wir heim, wir haben viel Wild erlegt und viele Früchte gesammelt. Vielleicht wird unser Vater dieses Wild Seiner Majestät darbieten." Tun Mat erwiederte: „Einverstanden, Bruder!" Da stieg man in die Prau und fuhr heim. —

Um diese Zeit kamen Biduwanda's, vom Fürsten beordert, den Bendahara zu rufen. Er erhielt den Befehl, die fünf Knaben zum Könige zu führen. Der Bendahara liess den Hang Tuwah und seine vier Freunde rufen, welche auch sogleich hereilten, indes der Bendahara und sein Sohn Tun Mat auf sie warteten. Als der Bendahara sie kommen sah, sagte er: „Nun, meine Söhne, wir müssen in den Palast, vor den König." Hang Tuwah erwiederte: „Wie es Ihnen beliebt, wir folgen." Der Bendahara machte sich auf den Weg, begleitet von Tun Mat und den fünf Knaben. Als sie im Balairung[1]) ankamen, bemerkte der Bendahara, dass der Fürst nicht da war. Sie sassen eine Weile, wartend. Da kam ein Biduwanda Ketjil[2]) und holte den Bendahara nach dem Bendul[3]). Wie der Fürst den Bendahara kommen sah, sagte er sofort: „Nun, werter Bendahara, wer sind nun diese Knaben, von denen du gesprochen hast?" Der Bendahara sprach: „Majestät, das da ist Hang Tuwah, das Hang Djebat, das Hang Kasturi, das Hang Lakir, (20) das Hang Lakiwa, und das ist mein Sohn, Tun Mat." Als der König diese Worte vernommen hatte, schaute er unverwandt Hang Tuwah an, sagend: „Ich ernenne dich, Hang Tuwah und deine Freunde, zu meinen jungen Dienern hier im Bendul." Hang Tuwah erwiederte: „Ich bin Ihr demütiger Diener, was Sie mir befehlen, nehme ich ehrfurchtsvoll auf mein Haupt." Da gab der König Ehrengeschenke dem Bendahara, dem Tun Mat und den fünf Freunden, auf das freigebigste. Der Bendahara machte ein Sembah[4]) und gieng heim.

In dieser Zeit gab der Fürst einem Waffenschmied den Auftrag, Lang-Krisse zu verfertigen zum Gebrauche für die Biduwanda's. Der Schmied schmolz zwanzig Sorten Eisen zusammen, die insgesamt eine Behara[5]) wogen. Er schmückte die Krisse mit Gravierungen. Es gab vierzig Stück. Nach einiger Zeit waren sie alle fertig, und der Schmied präsentierte sie dem König. Der Fürst verteilte sie unter die Biduwanda's im Bendul, und alle vierzig trugen nun Langkrisse. Dem Hang Tuwah überreichte der Fürst den Kriss eigenhändig. Hang Tuwah nahm ihn, hob ihn über sein Haupt[6]),

---

[1]) Das Balai des Fürsten, welches durch einen Uebergang (Rung) mit der Astana verbunden ist. Es dient z. B. für Audienzen.
[2]) Ketjil, „klein", drückt den geringern Rang aus.
[3]) Eine Lokalität der Palastanlage. Nach einigen Erklärern soll es der Platz im Audienzgebäude sein, wo der König sitzt, aber hier wie S. O. 47 werden beide als besondere Lokalitäten genannt.
[4]) Das Sembah ist eine Geste zur Bezeugung der Ehrfurcht, man legt die Hände flach auf einander und nähert sie der Stirne.
[5]) Ein grösseres Gewicht, aber nach Ort und Zeit variierend.
[6]) Diese Aktion bedeutet ehrfurchtsvolle Dankbarkeit.

verbeugte sich, warf sich hin vor dem Fürsten. Dann richtete er sich wieder auf und bezeugte durch ein Sembah dem Fürsten seine Ehrfurcht. Dann fasste er den Kriss, stieg [1]) auf den Platz hinunter, zog den Kriss aus der Scheide und machte wiederum ein Sembah. Jetzt vollführte er allerlei kunstvolle Bewegungen mit dem Kriss, begleitet mit Sprungbewegungen, was alles einen sehr schönen Anblick darbot. Zugleich schrie er voll Tatendrang: „Holla! Wo sind die Hulubalang's des malaiischen Landes? (21) Sie sollen kommen und sich mir stellen! Vier mögen's sein, s'ist mir recht, fünf, s'ist mir recht, ich mach' mir nichts aus ihnen." Den Fürsten ergötzte Hang Tuwah's Treiben höchlich. Endlich machte dieser wieder eine Geste tiefster Ehrfurcht, stieg wieder hinauf, setzte sich und machte ein Sembah zugleich mit Hang Djebat, im Bendul.

Der König gewann den Hang Tuwah sehr lieb und die andern vier Freunde ebenfalls. Unter den vierzig jungen Dienern war es aber Hang Tuwah, der dem Herzen des Fürsten am nächsten stand, denn er war etwas älter als die andern, hatte ein gewandtes Auftreten und liebenswürdige Manieren. Ferner verstand er sich ausgezeichnet auf die Kunst der Physiognomik und war überhaupt intelligent. Allah, der Preiswürdige, der Allerhöchste, war mit ihm, wo hätte man daher einen finden können, der es Hang Tuwah gleich getan hätte? Er gieng im Palaste aus und ein, frei und ungehindert. Was Hang Tuwah meinte, meinte auch der König. Wollte der König jemanden töten, und Hang Tuwah sagte: „Er soll nicht getötet werden", so wurde dieser Mensch nicht getötet. Wollte der König einen Missetäter ergreifen lassen und Hang Tuwah ergriff ihn nicht, so konnte er nicht ergriffen werden. Wurden Reichsangelegenheiten beraten, und Hang Tuwah war noch nicht da, so wurde noch nichts entschieden.

Die Pegawai's und Tun's, die in Ungnade gefallen waren, begaben sich zu Hang Tuwah und baten ihn, für sie bei Seiner Majestät ein gutes Wort einzulegen. Hang Tuwah sprach zu ihnen: „Gut, ich will's tun, aber immerhin will ich euch meine Meinung sagen: Ihr hättet (22) euch nicht so aufführen sollen, denn der Bendahara ist ein sehr verdienter Würdenträger in unserer Zeit. Wenn wir in eine Schwierigkeit gerieten, was wollten wir anfangen? [2]). Wir müssen Sorge tragen zum Namen unserer Eltern und zu unserm eigenen Namen, es muss unser erstes Augenmerk sein, dass der Name eines weisen Mannes uns voll und ganz zukomme. Dies wird verlangt von einem Manne, der in königlichem Dienste steht. In allem müssen wir durchaus so vorgehen, dass tadellos vollführt werde, was unser Herr uns aufgetragen, dann wird unser Name von den Menschen genannt werden bis ans Ende der Zeiten." Alle erwiederten: „Ihre Worte sind durchaus treffend, aber es ist nicht mehr zu ändern. Es war uns durch unser Geschick bestimmt, in diese Schande zu kommen." Als das Gespräch zu Ende war, gieng Hang Tuwah in den Palast zum König. Dieser hatte seine Gemächer noch nicht verlassen, doch befand sich der Bendahara im Balairung. Hang Tuwah stieg hinauf, setzte sich, grüsste den Bendahara ehrfurchtsvoll und sprach: „Ich, Ihr Diener, bitte Sie um Verzeihung,

---

[1]) Die Gebäulichkeiten stehen auf Pfählen.
[2]) Nämlich: ohne ihn.

wenn es mit Ihrer Erlaubnis geschehen mag, so möchte ich mit Seiner Majestät sprechen, betreff der Angelegenheit der Pegawai's, die in Ungnade gefallen sind, ich möchte den König um Gnade bitten, dass er ihnen ihre Schuld verzeihe, die sie sich Seiner Majestät gegenüber aufgeladen haben. Aber nur, wenn Ihre Hoheit nichts dagegen hat und Sie mir verzeihen, so bin ich so dreist, mit dem Könige zu reden." Der Bendahara versetzte: „Ich billige durchaus dieses Vorhaben. Mein Sohn möge allein sprechen, ich, der Vater, will hinter ihm stehen. Mein Sohn versteht sich auf solche Angelegenheiten." Hang Tuwah sprach: „Danke, mein Herr!" In diesem Augenblick (23) verliess der Fürst seine Gemächer, begab sich nach dem Bendul und nahm Platz. Er befahl den Bendahara und Hang Tuwah zu rufen. Die beiden erschienen im Bendul, setzten sich und machten ein Sembah. Der Fürst hob an: „Ach, werter Bendahara und Hang Tuwah, was sollen wir jetzt beginnen? Der Feind von Siantan und Djemadja ist auf einem frechen Raubzug nach Palembang begriffen. Ich habe vernommen, dass der freie Verkehr bereits arg gestört ist. Wenn's so weiter geht, wird am Ende sogar Bukit Siguntang[1]) nicht respektiert bleiben, wer weiss es? Und was hat's dann für einen Wert, dass ich in Bintan regiere? Ich habe die Absicht, etwa vierzehn oder fünfzehn Fahrzeuge nach Palembang zu senden. Wen soll ich mit dem Kommando betrauen?" Da machte der Bendahara ein Sembah und blickte nach Hang Tuwah, dieser machte auch ein Sembah und sprach: „Majestät, wenn mir Ihre Majestät huldvoll Verzeihung gewähren will, so bin ich so dreist, Ihrer Majestät etwas vorzubringen. Mein Wort ist allerdings ein unbescheidenes, da aber auch Ihre Nachsicht und Gunst, Majestät, tausendfältig auf meinem Haupte ruht, so hoffe ich, niedriger Mensch, auf Verzeihung"[2]). Als der Fürst Hang Tuwah's Worte gehört hatte, versetzte er lächelnd: „Nun, Hang Tuwah, was ist dein Wunsch, sprich, ich höre." Da sprach Hang Tuwah: „Majestät, wenn Sie mir verzeihen wollen, Majestät, so bitte ich um die Gnade, Sie möchten den Pegawai's ihre Schuld nachlassen. Wir werden ihnen dann siebzehn Schiffe geben, Dendang's und Lantjang's[3]), und sie nach Palembang schicken." Da nahm auch der Bendahara das Wort: „Majestät, mich dünkt der Vorschlag Ihres Dieners (24) da gut. Und, bei Allah, dem Allerhöchsten, uns[4]) liegt es ob, die Ausrüstung Ihrer Untergebenen zu besorgen." Da sprach der Fürst: „Ich bins zufrieden." Der Bendahara und Hang Tuwah schlossen: „Majestät, Ihren Befehl nehmen wir auf unser Haupt." Sofort liessen der Bendahara und Hang Tuwah die Pegawai's rufen, die in Ungnade gefallen waren. Sie kamen, verbeugten sich und warfen sich vor dem König hin. Der König beschenkte sie alle. Jetzt erhob sich der Fürst und zog sich in die Astana zurück. Der Bendahara und Hang Tuwah verliessen, nachdem sie ein Sembah gemacht, den Saal, und giengen heim, begleitet von den Pegawai's und den Tun's. Als sie bei ihrem Kampong angelangt waren, wandte sich der Bendahara um und sprach: „Gehen Sie nun, meine Herren, und treffen Sie Ihre

---

[1]) Siehe S. 5, Anm. 3.
[2]) Hang Tuwah redet so untertänig, weil die Angelegenheit eine heikle ist.
[3]) Arten von Schiffen.
[4]) Mir und dem Hang Tuwah.

Vorbereitungen, nach sieben Tagen wird Sie Seine Majestät nach Palembang schicken."
Sie machten alle eine Verbeugung bis zu den Füssen des Bendahara und giengen
heim. Der Bendahara begab sich in sein Haus.

Am folgenden Tage sass der Bendahara im Balai und hielt Rat inbetreff der
Ausrüstung der Dendang's und der Lantjang's, welche mit den Pegawai's unter Segel
gehen sollten. Da erschienen Hang Tuwah und Hang Djebat vor dem Bendahara.
Dieser sprach: „Wohlan, meine Söhne, wir wollen uns beraten betreff der Expedition
nach Palembang." Hang Tuwah nahm das Wort: „Wir sind gekommen, um zu
vernehmen, was Sie dazu sagen, wenn wir auch nach Palembang gehen wollten. Wir
fünf Freunde möchten gerne um die Erlaubnis dazu bitten, aber wir fürchten, Seine
Majestät möchte uns nicht gehen lassen." Der Bendahara erwiederte: „Warum wollen
meine Söhne mitgehen? Es sind ja genug (25) andere junge Pegawai's da, die gehen
können." Jetzt wurden Hang Tuwah und Hang Djebat vom Bendahara bewirtet, mit
leckeren Sachen. Darauf erschien auch die Gemahlin des Bendahara, nahm Platz und
unterhielt sich mit Hang Tuwah und Hang Djebat. Sie hatte auch schöne Geschenke
mitgebracht. Hang Tuwah und Hang Djebat verabschiedeten sich vom Bendahara
und seiner Gemahlin und kehrten heim. Allah weiss, was weiter geschah -- - [1]).

Eines Tages sass der Fürst, nachdem er seine Gemächer verlassen, im Balairung.
Es hatten sich auch eingefunden der Bendahara, der Tumenggung und die Pegawai's
und Tun's. Auch der Ratu Malaju [2]) war da, er sass neben seinem Bruder, dem
Fürsten. Der Fürst hob an: „Werter Bendahara, werter Tumenggung! trefft rasch
die nötigen Vorbereitungen, ich will mit meinem Bruder, dem Ratu Malaju, zu
unserer Unterhaltung einen Jagdzug unternehmen, während er hier ist. Dabei will
ich mich zugleich nach einem Platze umsehen, um eine Stadt zu gründen." Der
Bendahara und der Tumenggung erwiederten: „Majestät, Ihren Befehl nehmen wir
auf unser Haupt." Die beiden machten ein Sembah, giengen hinaus ins Balai Gendang [3])
und nahmen da Platz. Sie beriefen die Pegawai's und Tun's, sowie die Leute derselben und befahlen ihnen, alle Vorbereitungen zu treffen. In sieben Tagen wolle
der Fürst aufbrechen. Die Pegawai's und Tun's vollführten den Befehl, sie beriefen
ihre Leute, und diese brachten die Prauen ins Wasser. Auch der Bendahara berief
seine Leute, und auch diese setzten Fahrzeuge in Bereitschaft, samt allem, was für
die Reise des Fürsten vonnöten war. Als alles in Ordnung war, begab sich der
Bendahara in den Palast und meldete: „Majestät, wir sind mit den Vorbereitungen
(26) für den Aufbruch Ihrer Majestät fertig. Wir gebarren Ihrer weitern Befehle."
Der Fürst erwiederte: „Gut, in drei Tagen wollen wir aufbrechen." Am dritten
Tage brach der Fürst mit dem Ratu Malaju nach der Insel Ledang auf, unter den
Klängen einer flotten Musik. Der Fürst liess bei allen Inseln [4]) anlegen. Da wurde

---

[1]) Diese Phrase dient nur dazu, das Ende des Abschnittes zu markieren.
[2]) Der Ratu Malaju ist ein fremder Prinz, der eine Zeit lang im Dienste des Königs gestanden
hatte und jetzt auf Besuch gekommen ist. „Ratu Malaju" ist übrigens eine Titulatur, die ihm vom
Könige verliehen worden war. „Bruder" ist nicht wörtlich zu nehmen, sondern ein Wort der Höflichkeit.
[3]) Ein Gebäude, zur Palastanlage gehörend, wo die höhern Beamten Sitzung halten.
[4]) Auf die man unterwegs stiess.

gejagt, Spiele wurden veranstaltet, es gieng hoch her, allgemeine Freude herrschte. In Menge erlegte man Wild und von jeglicher Art, und Früchte fanden sich im Ueberfluss auf diesen Inseln. Endlich gelangte der Fürst mit dem Ratu Malaju nach der Insel Ledang, er stieg mit seinem ganzen Gefolge aus. Die Jagdhunde wurden losgelassen. Der Fürst wandte sich mit dem Ratu Malaju nach dem Innern der Insel, in Begleitung der Manteri's, Pegawai's, Hulubalang's, und des andern Gefolges. Alle trugen leichte oder grosse Lanzen, und es herrschte ein Leben und eine Bewegung, als gölte es einen Kriegszug. Die Jagdhunde Kebo Nirang und Ranka Raja stöberten einen weissen Zwerghirsch auf, von der Grösse einer Ziege. Die beiden Hunde erhoben ein Gebell, worauf Hang Tuwah und Hang Djebat rasch zu den Hunden herbeieilten. Da sahen sie, wie ein weisser Zwerghirsch von der Grösse einer Ziege den Hunden stand und sie biss [1]). Die zwei Hunde heulten und stürzten sich in den Fluss. Der Zwerghirsch stürzte ihnen nach. (27) Hang Tuwah und Hang Djebat und ihre Leute folgten schleunig den Hunden und dem Zwerghirsch. Da verschwand nach dem Ratschluss Allah's, des Hochgepriesenen, des Allerhöchsten, plötzlich der weisse Zwerghirsch und erschien nicht wieder den Augen all dieser Menschen. Hang Tuwah und Hang Djebat wurden von Erstaunen ergriffen, als sie dieses Vorkommnis mit dem Zwerghirsch sahen. Unterdessen war auch der Fürst mit dem Ratu Malaju dem Hang Tuwah und dem Hang Djebat nachgekommen. Sie liessen sich das Vorkommnis durch Hang Tuwah und Hang Djebat in allen Einzelheiten erzählen. Beide Fürsten erstaunten sehr ob den Worten des Hang Tuwah und des Hang Djebat. Der König sprach: „Werter Bendahara, und ihr alle bejahrten Manteri's, habt ihr je einen weissen Zwerghirsch von der Grösse einer Ziege gesehen, der Hunde in einen Fluss sprengte? Was will das bedeuten?" Der Bendahara und die bejahrten Manteri's antworteten: „Majestät! Wir bitten Ihre Majestät um Verzeihung und Gnade [2]), so etwas ist uns noch nie begegnet, doch haben wir alte Leute sagen gehört: wo sich ein weisser Zwerghirsch zeigt, in einem Wald, auf einem Feld, auf einer Insel, oder wo es sonst sein mag, so ist dieser Ort gut, er ist passend, dass da eine Stadt gebaut werde, und das Glück wird mit dieser Stadt sein. Das, Herr, haben wir sagen hören. Wenn wir nun dem Wort der Alten, das wir vernommen, folgen wollen, so wäre hier die Stadt zu gründen." Diese Worte des Bendahara und der bejahrten Manteri's machten dem Fürsten grosse Freude. (28) Er sprach: „Wenn es so ist, gut, dann will ich auf dieser Insel die Stadt erbauen lassen. Euch liegt es ob, werter Bendahara und Tumenggung, den Wald zu lichten. Ich will mit meinem Bruder heimkehren. Ich brauche nichts weiteres beizufügen, die Gründung der Stadt liegt in den Händen meines werten Bendahara und des Tumenggung. Der Bendahara und der Tumenggung sprachen: „Majestät, Ihren Befehl nehmen wir auf unser Haupt. Wir bitten Sie nur um die huldvolle Gewährung der nötigen Geldmittel, etwa zwei Behara's Gold, für die Löhnung unserer Leute und der Arbeiter, damit die Erbauung der Stadt möglichst

---

[1]) Das war ein wunderbares Vorkommnis.
[2]) Oft bedeutet diese Phrase so viel wie: Mit Ihrer gütigen Erlaubnis.

rasch von statten gehe. Wir bitten Ihre Majestät ferner, uns gütigst eine gewisse
Frist gewähren zu wollen. In vierzig Tagen könnte die Stadt fertig sein, samt
Kota ¹) und Astana." Der Fürst erwiederte: „Gut! Redet mir nicht von zwei
Behara's Gold, wenn vier, fünf nötig sind, gebe ich sie." Der Fürst brach mit dem
Ratu Malaju nach Bintan auf. Der Bendahara, der Tumenggung, und alle Pegawai's,
alte und junge, legten Hand an, den Wald auf der Insel auszureuten. In einigen
Tagen war das geschehen. Man errichtete nun die Festungswerke rund um die Insel,
darauf suchte der Bendahara eine Stelle aus für den Bau der Astana. Der Bendahara
und der Tumenggung erblickten einen Malakabaum, gerade in der Mitte der Insel.
Da sprach der Bendahara zum Tumenggung: „Ich denke, wo dieser Malakabaum
steht, wollen wir die Astana bauen, mitten in die Stadt." Der Tumenggung und
alle Pegawai's stimmten bei: „Wirklich, das ist ein Platz für eine Astana." Der
Bendahara und der Tumenggung erbauten die Astana, siebzehn (29) Ruwang's²) gross.
Sie brachten sieben Fenster von besonders schöner Arbeit an. Hang Tuwah ver-
fertigte die Fenster, Hang Djebat und Hang Kasturi schmückten sie mit Schnitzwerk,
in Gemeinschaft mit Tun Mat, Hang Lakir, Hang Lakiwa und Hang Kamar, denn
das waren geschickte Leute. Dazu hatten diese sieben noch siebzig andere Männer
mitgebracht, welche sich auf Holzschnitzen und durchbrochene Arbeit verstanden. So
wurde die Astana mit allem, was dazu gehört, vollendet. Darauf liess der Bendahara
das Balairung bauen, ebenfalls siebzehn Ruwang's gross. Es wurde ein sehr schöner
Bau. Als die Stadt, die Astana und das Balairung fertig waren, kehrten der Bendahara und Hang Tuwah nach Bintan zurück, um sich zum König zu begeben. Der
Tumenggung blieb zurück, die Stadt zu bewachen. Wie sie in Bintan angelangt
waren, giengen sie in den Palast, vor den König. Der Fürst sass gerade mit dem
Ratu Malaju in froher Gesellschaft, umgeben von den Pegawai's und Tun's, beim
Trunke. Als der Fürst den Bendahara und den Hang Tuwah eintreten sah, rief er
sofort: „Nun, werter Bendahara und Hang Tuwah, was bringt ihr mir für einen Bericht
von meiner Stadt, die du, werter Bendahara, erbaust?" Der Bendahara und Hang
Tuwah sprachen: „Majestät, möge Ihr Leben ein langes sein! Ihre Stadt, die wir
zu erbauen hatten, ist fertig, samt Astana und Balairung. Die Stelle für die Astana
hat uns ein Malakabaum angewiesen, mitten auf der Insel, da haben wir für Ihre
Majestät die Astana gebaut." Als der König die Worte des Bendahara und des
Hang Tuwah gehört, sprach er: „Wenn es so ist, so will ich (30) die Stadt Malaka
nennen." Der Bendahara: „Majestät, es ist durchaus passend, dass die Stadt nach
diesem Baume benannt werde. Nun wird Ihre Majestät bei Kindern und Kindes-
kindern ³) Herrscher von Malaka genannt werden." Der Fürst schlang den Arm um
den Hals des Bendahara und gab ihm und dem Hang Tuwah ein Ehrenkleid, einen
vollständigen Anzug. Dann beschenkte er auch die Pegawai's und Tun's, welche
unter dem Bendahara gearbeitet hatten, keiner blieb unbedacht. Der Bendahara und

---

¹) Die Befestigungswerke.
²) Die Gebäulichkeiten stehen auf Pfählen, der Raum zwischen zwei Reihen Pfählen heisst
Ruwang, und nach Ruwang's wird die Grösse einer Gebäulichkeit angegeben.
³) D. h.: in alle Zukunft.

Hang Tuwah sagten: „Majestät! Möge Ihrer Majestät Nachsicht und Gnade uns zu teil werden in reicher Fülle! Wann gedenkt Ihre Majestät aufzubrechen, um nach Malaka zu übersiedeln, dass wir uns in Bereitschaft setzen?" Der Fürst antwortete: „Wenn Allah der Allerhöchste es geschehen lässt, in sieben Tagen. Triff die nötigen Vorbereitungen, werter Bendahara, berufe die Einwohner der Stadt, ich wünsche, dass es rasch gehe, kein Zaudern! Wer zu langsam ist, wird von mir gestraft." Der Bendahara sprach: „Majestät, Ihren Befehl nehme ich auf mein Haupt." Der Fürst erhob sich und zog sich in seine Gemächer zurück, der Bendahara machte ein Sembah, gieng hinaus, nach dem Balai Gendang und nahm da Platz. Er liess das Mongmong[1]) schlagen in ganz Bintan herum, und ausrufen, in sieben Tagen gedenke Seine Majestät aufzubrechen, um nach der neuen Stadt zu übersiedeln; die Einwohner sollen die nötigen Vorkehrungen treffen. Der siebente Tag kam und der Fürst zog nach Malaka, mit ihm die Manteri's, Pegawai's und alle Einwohner der Stadt. Bintan (31) wurde gänzlich verlassen, es blieben nur, zur Bewachung der Stadt, Tun Utama und Tun Bidja Sura zurück, mit tausend Mann. Der Fürst segelte also nach Malaka und in kurzer Zeit langte er an. Der Tumenggung Seri Sura Radja empfieng ihn am Ufer. Der Fürst begab sich in die Astana. Er sah, dass die Lage der Stadt und die der Astana ganz nach Wunsch war, und es gereichte ihm zur grossen Freude, diese seine Stadt zu beschauen. Er beschenkte den Tumenggung, sowie die Pegawai's und Tun's, die bei ihm, dem Tumenggung, waren.

Es verfloss eine längere Zeit. Da traf es sich einst, dass der König von Malaka im Audienzsaale sass, umgeben von den Pegawai's und Tun's, niemand fehlte. Da nahm der Fürst das Wort: „Vernimm, werter Bendahara, ich will dem Tun[2]) Tuwah einen Titel verleihen, denn er hat sich grosse Verdienste um mich erworben, er ist mir immer treu ergeben." Der Bendahara: „Majestät, es ist billig, dass Ihr Diener einen Titel bekomme." Der Fürst: „Hang Tuwah, ich verleihe dir die Würde eines Laksamana[3]), dein Platz ist über den Hulubalang's"[4]). Hang Tuwah: „Majestät, übervoll ergiesst sich die Huld Ihrer Majestät über mein Haupt; ich nehme an." Der Fürst: „Dir, Hang Djebat verleihe ich den Titel Bantara[5]) zur Linken, und dir, Hang Kasturi: den Titel Bantara zur Rechten." Da sprachen die beiden neuen Bantara's: „Majestät, Ihren Befehl nehmen wir auf unser Haupt." Hang Lakir und Hang Lakiwa erhielten den Titel Benderang[6]) zur Linken und Benderang zur Rechten. Und alle vier (32) machten eine Geste tiefsten Respektes.

Die Stadt Malaka genoss ungestörte Ruhe unter ihrem Laksamana. Der König schenkte ihm seine höchste Gunst und hörte auf alle seine Worte. Da wurden die Pegawai's und Tun's neidisch auf den Laksamana, nur der Bendahara und der

---

[1] Eine Art Gong (metallenes Becken), dessen sich die Ausrufer bedienen.

[2] Das S. 6, Anm. 8 erwähnte Tun steht auch artikelartig vor Eigennamen, ist aber vornehmer als Hang. Da Hang Tuwah nun vornehmer geworden ist, wird er oft Tun Tuwah genannt.

[3]) Admiral.

[4]) Das ist buchstäblich zu nehmen. Im Versammlungssaal sind die Sitze stufenförmig angelegt.

[5] Bantara = Adjutant. Der Bantara zur Linken ist vornehmer.

[6]) Eine Hofcharge, dem Rang nach auf den Bantara folgend.

Tumenggung blieben ihm gut. Die Pegawai's und Tun's redeten unter einander: „Ja, dieser Hang Tuwah, wenn wir es so gehen lassen, so wird es nicht gut ablaufen. Wir alle werden bei Seiner Majestät nichts mehr zu bedeuten haben. Von Tag zu Tag gewinnt er immer mehr die Gunst Seiner Majestät. Am Ende wird er noch Bendahara werden, wer kann's wissen." Einer schlug vor: „Da die Dinge so weit gediehen sind, so wollen wir uns mit dem Patih Krama Widjaja beratschlagen, denn auch er ist ein hoher Manteri, und Seine Majestät wird zweifelsohne auf jedes seiner Worte hören. Dazu kann er es auch nicht leiden, dass Hang Tuwah über ihm sitzt." Als man sich so beredet hatte, begaben sich die Pegawai's und Tun's, die auf Hang Tuwah neidisch waren, zum Patih Krama Widjaja. Sie warfen ihre Kopftücher und Krisse vor ihm auf den Boden [1]). Er fragte: „Meine Herren, warum tun sie das, was hat es zu bedeuten?" Da sprachen alle Pegawai's und Tun's: „Wofür sind wir Pegawai's, wenn ein Mensch die ungebührlichsten Sachen in der Astana Seiner Majestät treibt und wir ihn nicht töten dürfen? Wenn nun andere Uebeltäter auf dem Plan erscheinen, werden wir diese noch viel weniger töten dürfen. Wofür halten wir Tag und Nacht Wache unter der Astana Seiner Majestät? (33) Es bewahrheitet sich nun das malaiische Sprichwort: Der Pagar frisst den Reis [2]). Wir haben es selber gesehen, aber wollten wir es Seiner Majestät anzeigen, er würde uns kein Gehör geben, werden wir es aber verschweigen, so kann es, vielleicht morgen schon, Seine Majestät sonstwie erfahren, und dann ernten wir Schimpf und Schande. Darum teilen wir es Ihnen, Herr, mit, denn Sie sind auch ein hoher Manteri. Wenn Sie, Herr, es wissen, dann können wir beruhigt sein. Und dann können wir alle Zeugen sein." Als der Patih Krama Widjaja die Worte der Pegawai's gehört hatte, sagte er: „Wer dürfte es wagen, in der Astana des Fürsten ungebührliche Sachen zu treiben?" Die Pegawai's versetzten: „Ja, wer ausser Hang Tuwah würde so etwas wagen? Letzte Nacht haben wir unter der Astana Wache gehalten, da haben wir den Hang Tuwah ertappt, wie er mit einer Lieblings-Gundik [3]) des Königs scherzte und schwatzte. Wir hätten ihn gern auf der Stelle niedergestochen, aber vielleicht hätten wir vor Seiner Majestät Unrecht bekommen, da der Fürst so viel auf ihn hält, denn es hätte den Anschein haben können, dass wir es aus Neid getan." Auf diese Worte der Pegawai's hin geriet der Patih Krama Widjaja in grossen Zorn gegen den Laksamana. Er entfernte sich und begab sich zum König, von den neidischen Pegawai's begleitet. Der König sass gerade im Bendul, von den Biduwanda's umgeben. Der Patih Krama Widjaja und die neidischen Pegawai's setzten sich, machten ein Sembah und warfen ihre Kopftücher und (34) Krisse zu Boden. Betroffen fragte der König: „Patih Krama Widjaja, was hat das zu bedeuten, dass ihr, du, die Pegawai's und die Tun's, eure Kopftücher und Krisse vor mir auf den Boden werft?" Der Patih Krama Widjaja: „Majestät, wir, demütige Sklaven, bitten Sie um Verzeihung und Gnade, um tausend-

---

[1]) Ein Zeichen der Entrüstung.
[2]) Der Pagar (= Zaun) sollte den Reis schützen. Ebenso ist Hang Tuwah dafür da, den König zu schützen, statt dessen vergeht er sich nach der Behauptung der Pegawai's an ihm.
[3]) Nebenfrau.

und tausendfache Verzeihung. Wir getrauen uns nicht, zu Ihnen zu sprechen, wenn uns aber Ihre Majestät verzeihen wollte, so würden wir so dreist sein, zu reden." Der König: „Patih Krama Widjaja und Pegawai's, sprecht nur, ich höre euch." Der Patih Krama Widjaja: „Majestät, wir, freche Sklaven, hätten Ihrer Majestät das zu sagen: Wofür sind wir zu Pegawai's ernannt worden, wenn ein Mann die ungebührlichsten Sachen treiben darf in der Astana Ihrer Majestät, und wir ihn nicht töten dürfen? Wenn ein mächtiger Feind, ein Feind Ihrer Person oder ein Feind unseres Landes, gegen Ihre Majestät sich erheben sollte, wie können wir uns noch zur Wehr setzen? Es bewahrheitet sich das malaiische Sprichwort: Der Pagar frisst den Reis." Der Fürst: „Was soll das alles bedeuten, ich verstehe euch nicht." Der Patih Krama Widjaja: „Ja, Majestät, letzte Nacht hielten wir alle Wache unter der Astana, da ertappten wir einen Mann, der da sass und mit einer Frau koste, in der Astana. Wir hätten ihn gerne getötet, aber wir fürchteten, vor Ihnen Unrecht zu bekommen, denn Ihre Majestät hält grosse Stücke auf ihn, dazu ist er unser Vorgesetzter." (35) Als der König die Worte des Patih Krama Widjaja gehört hatte, geriet er in grossen Zorn über den Laksamana, er schlug sich die Brust und rief aus: „Ach, dieser Tuwah da [1]) schien ein so trefflicher Charakter zu sein, und darum habe ich so auf ihn gebaut!" Der Fürst liess durch Biduwanda-Ketjil's den Bendahara rufen, welcher sofort kam. Er konnte nicht einmal Platz nehmen, da sagte der König: „Bendahara, schaff mir sofort den Verräter, den Tuwah da aus dem Wege." Bei diesem Wort erschrak der Bendahara und sprach: „Majestät, ich bitte um Verzeihung und Gnade. Wie Hang Tuwah sich vergangen hat, habe ich noch nicht untersucht. Ihn aus dem Wege zu schaffen, ist nun allerdings eine leichte Sache für mich. Wenn ich aber weiter denke, so fürchte ich, es möchte der Tag kommen, da Ihre Majestät es bereuen wird, in endloser Reue. Das ist meine Erwägung." Aber der Fürst rief: „Hör, Bendahara, sofort schaff mir den Tuwah aus dem Wege, ich brauche nicht länger auseinanderzusetzen, dass seine Wegräumung dir obliegt." Als der Bendahara diesen Befehl des Königs vernommen, fieng er an zu weinen, verabschiedete sich durch eine Verbeugung und gieng heim. Er liess den Laksamana rufen. Dieser war nicht zu Hause, er war nach seinem Dusun [2]) im Binnenland von Malaka gegangen, mit Frau und Kind, zu seiner Erholung. Der Diener des Bendahara meldete das seinem Herren, und dieser berichtete es dem König: „Herr, Ihr Diener, der Laksamana ist nicht zu Hause, er ist mit Frau und Kind zu seiner Erholung ins Binnenland von Malaka gegangen." (36) Als der König diese Worte vernommen, befahl er: „In diesem Falle sollen der Bantara Tun Djebat und der Bantara Tun Kasturi sich waffnen und den Tuwah sofort holen und zum Bendahara führen." Die beiden Bantara's machten ein Sembah und verliessen den Saal. Sie richteten zwei Prauen her, waffneten sich und fuhren flussaufwärts ins Binnenland von Malaka, den Laksamana zu holen. Dieser hatte gerade einen Ausgang gemacht, um Fische mit dem Wurf-

---

[1]) An dieser Stelle steht vor „Tuwah" weder „Hang" noch „Tun", sondern „si", das wie das lateinische „iste" häufig Geringschätzung involviert.

[2]) Landsitz.

netz zu fangen. Er befand sich mit Frau und Kind in einer kleinen Prau und amüsierte sich köstlich. Jetzt warf er das Netz und blickte dabei flussabwärts. Da sah er zwei Prauen heraufrudern, und viele Männer darin. Er vermutete, dass man ihn hole. Wie die Prau näher kam, bemerkte er, dass es Hang Djebat und Hang Kasturi waren, die da kamen. Er fragte: „Was für eine Angelegenheit führt meine zwei Brüder hierher?" Hang Djebat antwortete: „Eine Ordre Seiner Majestät verlangt, dass Sie sofort zurückkehren und sich zum Bendahara begeben." Als der Laksamana den Befehl des Königs vernommen hatte, zog er das Netz ein und sprang dann in die Prau des Hang Djebat. Nun wurden die Prauen des Tun Djebat und des Tun Kasturi rasch flussabwärts gerudert und im Nu war man an der Mündung, in Malaka, angelangt. Der Laksamana begab sich ins Balai Gendang und nahm da Platz. Die beiden Bantara's, Tun Djebat und Tun Kasturi, begaben sich zum König und sprachen: „Herr, Ihr Diener, der Laksamana, ist gekommen, er befindet sich im Balai Gendang." Als der König diese Worte des Hang Djebat gehört, wandte er sich zum Bendahara: „Bendahara, geh sogleich und schaff den Tuwah aus dem Wege!" Der Bendahara (37) warf sich unter Tränen dem König zu Füssen und sprach: „Majestät, ich bitte um Verzeihung, um tausend- und tausendfache Verzeihung! Es ist doch schade, Herr, den Laksamana aus dem Wege zu räumen. Es wird schwierig sein, Herr, einen Diener zu finden, wie der Laksamana einer ist. Und er ist ohne Schuld. Ueberdies sind wir mit dem Reich Madjapahit verfeindet, und so kann der Tag kommen, da Sie Reue empfinden, dann aber nützt's nichts mehr." Da sprach der König voll Zorn: „Bendahara, schaff mir schleunigst den Tuwah aus dem Weg, ich brauche nicht länger auseinanderzusetzen, dass die Wegräumung desselben dem Bendahara obliegt." Als der Bendahara diesen Befehl vernommen, brach er in Tränen aus, machte ein Sembah, entfernte sich und begab sich zum Laksamana. Als dieser den Bendahara herauskommen sah, Tränen im Auge, da begriff er, was geschehen war. Der Bendahara sprach: „Kommen Sie, Laksamana, wir wollen heim." Da ging der Bendahara, und der Laksamana mit ihm. Als sie im Balai des Bendahara angelangt waren, sprach dieser: „Ich habe vom Fürsten den Befehl erhalten, Sie aus dem Wege zu schaffen. Was sagen Sie dazu?" Da schrie der Laksamana auf: „Ach, warum das? Der Tuwah hat nie auf Untreue gesonnen gegen seinen Herrn, die königliche Majestät. Ich gebe mein Leben dahin für Seine Majestät, mit freudigem Herzen, ich fürchte den Tod nicht." Da sagte der Bendahara: „Reden Sie nicht so! Sie haben sich nicht verfehlt gegen Ihren Herrn, wie könnte ich es daher über mich bringen, Sie zu töten? Sie sind von den Pegawai's verleumdet worden, welche neidisch auf Sie sind." Der Laksamana nahm wieder das Wort: „Ich habe mich allzeit ehrenhaft durchs Leben geschlagen. Mögen Sie den Befehl Seiner Majestät ausführen, (38) der da lautet, mich aus dem Wege zu räumen! Wenn sie nicht gehorchen, so müsste es den Anschein haben, dass Sie das Wort des Königs verachten. Und ich lege mein Leben mit Freuden Seiner Majestät zu Füssen." Der Laksamana stiess diese Worte in solcher Aufregung hervor, dass das Balai des Bendahara erdröhnte, als wäre es von einem Sturmwind umtost, und dass alles mit Staunen und Schrecken erfüllt wurde. Der Bendahara sprach: „Was

Sie da sagen, mag richtig sein. Aber ich bin ein bejahrter Manteri und Sie sind schuldlos. Wenn ich den Befehl vollführe, so muss ich mich darauf gefasst machen, dass mein Name im Munde der Leute geschmäht werden wird: „„Seht diesen Bendahara, ohne zu prüfen, hat er den Laksamana gemordet, ganz schuldlos! Und um so grösser ist vor Allah dem Allerhöchsten die Schuld des Bendahara, da der Laksamana ein grosser Hulubalang und Pegawai des Landes war."" Diesen Ruf nun, Sie aus dem Wege geschafft zu haben, wünsche ich mir wahrlich nicht. Retten Sie sich ins Binnenland, wohin Sie wollen! Will mir der König fluchen, so nehme ich den Fluch auf mich." Während sie so sprachen, kamen die beiden Bantara's, vom König beordert, den Kurzkriss, den der Laksamana trug, zu verlangen. Sie sahen, dass der Laksamana noch mit dem Bendahara sprach. Hang Djebat und Hang Kasturi brachen in Tränen aus und umarmten und küssten den Laksamana. Da fragte der Bendahara: „In welcher Angelegenheit kommt ihr, Bantara's, hierher?" Sie antworteten: „Wir sind von Seiner Majestät beordert worden, den Kurzkriss zu verlangen, den der gnädige Herr da trägt." Als der Bendahara diesen Befehl vernommen hatte, blickte er nach dem Laksamana, dieser (39) griff in sein Badju, zog den Nebenkriss[1]) heraus und überreichte ihn dem Bendahara. Dieser nahm ihn in Empfang und legte ihn auf die Kniee. Da richtete der Laksamana an Hang Djebat das Wort: „Ich sehe es voraus, dass, wenn ich nicht mehr da bin, du, Bruder, meine Stelle einnehmen und die Gunst Seiner Majestät erlangen wirst. Zum Abschied möchte ich dir zwei Dinge ans Herz legen. Zum ersten, blicke nie auf irgend jemanden in der Astana mit allzu freiem Blick; zum zweiten, nimm, Bruder, nie den Titel Paduka Radja an[2]), denn das ist der Titel des Bendahara, nur wer Bendahara wird, kann mit Fug und Recht diesen Titel tragen." Als der Laksamana diese Abschiedsworte gesprochen hatte, reichten die beiden Bantara's dem Laksamana die Hand. Darauf überreichte ihnen der Bendahara den Kriss. Tun Djebat und Tun Kasturi nahmen Abschied vom Bendahara und Laksamana und brachten den Kriss dem Könige. Dieser sprach: „Trage nun du diesen Kriss, Tun Djebat!" Ob diesen Worten des Königs war Hang Djebat hoch erfreut, da er den Kriss in seine Hände bekommen hatte. Er dachte bei sich: „Jetzt bin ich, was der Laksamana". — Als Hang Djebat und Hang Kasturi fort waren, rief der Laksamana aus: „Wie leid tuts mir um die Stadt Malaka!" Der Bendahara fragte ihn: „Was haben Sie jetzt beschlossen?" Der Laksamana antwortete: „Was Ihnen gut scheint, nehme ich auf mein Haupt." Der Bendahara: „Wenn's so ist, so rate ich Ihnen, sich ins Binnenland zu begeben; ich will mir ansehen, wie es Hang Djebat treiben wird, wenn er nun zu Amt und Würde gelangt, in der Astana." Der Laksamana: „Gut, Ihrem Worte, Herr, (40) gehorche ich. Aber der Tuwah wird nicht lange verstossen sein." Der Laksamana verbeugte sich bis zu den Knieen des Bendahara, und dieser umarmte und küsste ihn, dann reichte der Laksamana auch dem Tun Pekrama die Hand.

---

[1]) Hang Tuwah trägt zwei Krisse, den einen hat er an der Seite, den zweiten in der Tasche. Letzterer wird ihm abverlangt. Er ist eine ausgezeichnete, zauberkräftige Waffe, vgl. S. O. 50, etc.

[2]) Nämlich: wenn der König dir etwa denselben verleihen wollte.

Jetzt befahl der Bendahara vieren von seinen Leuten, den Laksamana den Fluss hinaufzufahren, ins Binnenland von Malaka, sieben Tagreisen von der Stadt Malaka weg. Da sollte der Laksamana seinen Wohnsitz aufschlagen, in einem Dusun, das dem Bendahara gehörte. Im gleichen Dusun wohnte auch ein Scheich, Namens Mansur, der den Bewohnern des Binnenlandes von Malaka Unterricht erteilte. Der Laksamana trug ein ganz schwarzes Kostüm, ein Badju von Tjit [1]), und ein Tjindai [2]) um die Schultern. Ferner trug er ein Messer, das ihm einst der Souverän von Madjapahit geschenkt hatte, mit einem Heft von Horn, einer Scheide von Gold, mit Edelsteinen besetzt. Der Laksamana begab sich also nach dem Wohnort dieses Scheich's. Er sah, dass es ein Dusun war, am Fusse eines Hügels gelegen, prangend mit Früchten, die gerade in ihrer Reife standen. Der Laksamana betrat das Dusun, er sah den Scheich im Balai sitzen, umgeben von einer Menge Volkes. Als der Scheich das Erscheinen des Laksamana bemerkte, sprach er: „Komm, mein Sohn, hier ist ein höherer Platz für dich, denn du bist ein angesehener Mann." Der Laksamana stieg hinauf, um Platz zu nehmen, und verbeugte sich bis zu den Knieen des Scheich's. Dieser umarmte und küsste ihn und sprach: „In welcher Absicht kommt mein Sohn hieher?" Der Laksamana: „Es ist mein Wunsch, Sie zu bitten, Sie möchten mich zu Ihrem Diener annehmen." Als der Scheich die Worte des Laksamana gehört, (41) sprach er: „Mein Sohn wird nicht lange in der Einsamkeit bleiben und nicht lange von des Königs Seite entfernt sein müssen; er wird in zwanzig Tagen vom Könige gerufen werden, denn, seit mein Sohn nicht mehr in Malaka ist, geht da alles drunter und drüber" [3]). Der Laksamana lächelte bei diesen Worten des Scheich's. Dieser bewirtete ihn mit all den verschiedenen Früchten des Dusun. Und der Laksamana wohnte nun beim Scheich und liess sich von ihm unterrichten.

Nun sei wieder vom Könige von Malaka erzählt. Seit der Fürst dem Bendahara Befehl gegeben hatte, den Laksamana aus dem Wege zu räumen, war er sieben Tage lang nicht mehr in der Oeffentlichkeit erschienen. Da fragte ihn Hang Djebat: „Herr, warum erscheint Ihre Majestät nicht mehr in der Oeffentlichkeit? Reut es etwa Ihre Majestät, den Laksamana getötet zu haben?" Als der Fürst Hang Djebat's Worte gehört, verliess er seine Gemächer, gieng ins Bendul, und setzte sich da, umgeben von den Biduwanda's. Auch Hang Djebat erschien vor dem König. Dieser hiess ihn eine Geschichte vorlesen. Hang Djebat las mit lauter, melodischer Stimme. Die Hofdamen und die Gundik's des Königs sassen da [4]) und spähten hinter der Wand, während sie dem Hang Djebat zuhörten, wie er die Geschichte las. Da verliebten sich alle Gundik's in Hang Djebat. Für den König war es ein grosser Genuss, Hang Djebat zuzuhören, wie er die Geschichte vorlas, denn seine Stimme klang sehr angenehm, wie eine Aeolsharfe, da er es in seiner Gewalt hatte, dieselbe mannigfach zu modulieren, so dass er alle, die ihm zuhörten, fesselte und ihre Herzen sich

---

[1]) Ein Stoff.
[2]) Ein Tuch von einem bestimmten Stoff.
[3]) Der Scheich kennt die Zukunft.
[4]) In einem austossenden Gemach, oder hinter einer spanischen Wand.

gewogen machte. Da nickte der König ein, in Hang Djebat's Schoss. (42 Hang Djebat hörte auf zu lesen und wiegte und sang den König in Schlaf, mit überaus sanfter Stimme. Der König schlief nun fest in Hang Djebat's Schoss. Als die Hofdamen und Gundik's des Königs sahen, dass dieser eingeschlafen sei, da machten sie sofort Sirihpriemchen und warfen sie dem Hang Djebat zu, andere warfen ihm Parfümerien in kleinen Schächtelchen zu, andere Dosen voll Narde. Hang Djebat lachte höchlich ergötzt, er nahm den Sirih und das Parfum und bediente sich desselben. All dieses Treiben Hang Djebat's beobachtete Hang Kasturi, er sprach[1]): „Es ist gekommen, wie es der Laksamana im Balai des Bendahara gesagt hat." Und er machte sich auf, um heimzugehen. Da sagte Hang Djebat: „Seht doch den Bantara zur Rechten, unser Gebieter schläft, und er läuft davon!" Da versetzte Hang Kasturi: „Ich kann dein Treiben nicht länger mitansehen. Es ekelt mir in der Seele, da zuzusehen, ich wollte eigentlich lieber, du wärest nicht mein Bruder." Als Hang Djebat diese Worte des Hang Kasturi gehört, lachte er und sagte zu Hang Lakir: „Es ist doch nur dem Recht gemäss, dass der Bantara zur Linken von allen in der Astana geliebt werde. Warum hat das der Bantara zur Rechten falsch aufgefasst? Der Bantara zur Linken ist ja über die Dajang's[2]) gesetzt." Da sprach Tun Lakir: „Du magst Recht haben, Tun Djebat." Hang Djebat lachte und warf einige Sirihpriemchen nach ihm. Hang Lakir nahm sie und steckte sie zu sich.

Der König erwachte (43) und begab sich in die Astana der Tun Tidja[3]), seiner königlichen Gemahlin, um sich zu baden. Dann begab er sich zur Tafel. Darauf befahl er den Dajang's, den Bantara zur Linken herzuholen. Diese liefen hin und holten den Hang Djebat. Er erschien sofort und setzte sich auf den Sitz des Königs[4]). Man trug dem Tun Djebat Speisen auf, und er ass, halb stehend, halb knieend[5]). Als er fertig war, liess der König die Sirihdose der Tun Tidja vor Hang Djebat bringen, und dieser bediente sich des Sirih's aus der Dose der Tun Tidja. Diese beobachtete das ganze Treiben des Hang Djebat und dachte bei sich: „Wenn's Hang Djebat so treibt, wird sein Leben ein kurzes sein. Wenn der Laksamana, der sich so fein gebildet erwies in seinem Benehmen gegen alle in der Astana, der voll zurückhaltender Höflichkeit war gegen alle Dajang's, getötet worden ist, ohne irgendwelche Schuld, wie wird's erst dem Hang Djebat ergehen, der sich Dinge herausnimmt, als gehörte er zu einem königlichen Hause, in seiner Anmassung gegenüber allen in der Astana?" Und Tun Tidja dachte an den Laksamana, wie er sich um den König so grosse Verdienste erworben, und wie er zur Zeit, da er sich in Indrapura[6]) aufgehalten hatte, so zuvorkommend gewesen gegen alle anständigen Leute, besonders aber gegen ihre, der Tun Tidja, Angehörigen, wie er der Amme Paduka Mahadewi und den Dienern der Tun Tidja so viele Liebenswürdigkeiten erwiesen.

[1]) Zu sich.
[2]) Hofdamen.
[3]) Die Königin hat ihre eigene Wohnung (Astana).
[4]) Das war anmassend.
[5]) Das war nicht anständig.
[6]) Tun Tidja ist eine Tochter des Bendahara von Indrapura.

Er hatte sie alle beschenkt: Wer kein Kain hatte, dem gab er ein Kain, wer kein Badju hatte, dem gab er ein Badju, kurz, sein ganzes Wesen hatte sich als vortrefflich geoffenbart. Bei diesen Gedanken kamen der Tun Tidja die Tränen ins Auge. Der König nahm nun das Wort: „Ich will dem Bantara zur Linken (44) den Titel Paduka Radja verleihen, und dem Hang Kadim[1]) den Titel Laksamana, an Stelle seines Vaters." — Der Bendahara hatte Hang Kadim an Sohnesstatt angenommen. — Als Tun Tidja dieses Wort des Königs gehört hatte, sagte sie lächelnd: „Nein, Herr, geben Sie dem Hang Djebat den Titel Paduka Radja nicht, denn dieses ist der dem Bendahara zukommende Titel, der Bendahara könnte es daher sehr übel aufnehmen. Ausser den Nachkommen des Bendahara hat niemand die Berechtigung, diesen Titel zu bekommen. Uebrigens, wie es Ihrer Majestät beliebt! Nur ist zu bezweifeln, ob Hang Djebat diesen Titel in Ehren wird tragen können." Der König lachte, als er die Worte der Tun Tidja hörte. Hang Djebat verliess das Gemach, begab sich nach dem Bendul und schlief auf dem Platz, wo der König zu sitzen pflegte, wenn er Audienz gab[2]). Hang Lakir und Hang Lakiwa begaben sich zum Bendahara. Sie trafen ihn im Balai, mit jemand über das Treiben des Hang Djebat in der Astana sprechend. Hang Lakir wies dem Bendahara die Sirihpriemchen und die Dosen mit Parfum vor. Der Bendahara geriet in grosse Erbitterung gegen Hang Djebat und sprach: „Da er sieht, dass der Laksamana nicht mehr da ist, das giebt ihm den Mut, sich so aufzuführen." Hang Lakir sagte: „Ich habe gehört, dass Seine Majestät zu Hang Djebat sprach, er wolle ihm den Titel Paduka Radja verleihen." Bei diesen Worten neigte der Bendahara das Haupt und verfiel in Nachdenken: „Ja, es ist so gekommen, wie der Laksamana gesagt hat." Dann sprach er: „Was ist daran zu tadeln, wenn der Herr einem Diener, den er liebt, eine solche Auszeichnung gewährt?[3]) Wenn aber (45) der Djebat wirklich den Titel Paduka Radja bekommt, so werden Sie sehen, meine Herren, dass es keine vierzig Tage währen wird, dass er ihn behauptet. Trotzdem bin ich der Meinung, dass daran nichts auszusetzen ist, dass Hang Djebat den Titel Paduka Radja bekomme, und wenn ihn Seine Majestät auch zum Bendahara macht, so ist's noch besser, denn ich bin alt geworden und kann den Dienst Seiner Majestät nicht mehr versehen." Da riefen Hang Lakir und Hang Lakiwa: „Wir zwei bitten um Verzeihung, wer wollte vor ihm ein Sembah machen?"[4]) Jetzt verabschiedeten sich die beiden und kehrten heim.

Die Pegawai's und die Tun's wollten dem König ihre gewohnte Aufwartung machen, aber Hang Djebat liess sie nicht vor. Da wurden sie sehr erbost über Hang Djebat. Hang Djebat sagte: „Sie können nicht vorgelassen werden, meine Herren, da drinnen muss Ruhe sein, früher gieng das an, jetzt sind andere Zeiten, es gilt jetzt nicht mehr, was damals galt, da der Laksamana seines Amtes waltete."

---

[1]) Dieser ist der Sohn des Hang Tuwah.
[2]) Das war wiederum frech.
[3]) Der Bendahara spricht sehr loyal.
[4] D. h.: „Wer wollte vor einem solchen Bendahara Respekt haben?"

Da die Pegawai's und Tun's den Eintritt nicht erzwingen konnten, zogen sie ab und begaben sich ins Balairung. Sie sprachen zu einander: „Wenn Hang Djebat so in der Astana meistert, so haben wir alle beim Könige nichts mehr zu bedeuten." Da erhob einer das Wort: „Da der Laksamana nicht mehr da ist, das giebt dem Hang Djebat den Mut, alles, was ihm einfällt, zu tun, in der Astana des Königs; denn er sieht, dass ihm niemand das Handwerk legen kann." Ein anderer sagte: „Wir haben für uns nur eine geringe Entschuldigung, was den Laksamana angeht, wir haben schnöde gegen ihn intrigiert. Wie verständig war doch sein ganzes Vorgehen, da er unser Vorgesetzter war! Jetzt bekommen wir (46) das Regiment des Hang Djebat zu kosten. Wie liebenswürdig war der Laksamana gegen uns! Da war es uns nicht zur Last, es machte uns nicht müde, den Dienst des Königs zu versehen. Däuchte uns etwas allzu schwer, so nahm es uns der Laksamana ab." Da weinten die Pegawai's und Tun's voll Sehnsucht nach dem Laksamana. — Zur gleichen Zeit sass der König im Bendul und sprach: „Sag, Bantara zur Linken, welche Pegawai's sind draussen?" Hang Djebat antwortete: „Majestät, alle sind da, ausgenommen der Bendahara und der Tumenggung, die sind nicht da." Da befahl der König dem Hang Lakiwa: „Hör, Benderang zur Rechten, ruf mir sofort den Bendahara und den Tumenggung, ich will dem Bantara zur Linken den Titel Paduka Radja verleihen." Wie Hang Djebat dieses Wort gehört hatte, sagte er: „Wenn Ihre Majestät mir, Ihrem Diener, einen Titel verleihen will, so brauchen Sie den Bendahara und den Tumenggung nicht kommen zu lassen. Die Pegawai's und die Tun's sind vollzählig da, wenn nun schon der Bendahara und der Tumenggung fehlen, warum sollte Ihre Majestät mir nicht auf gültige Weise einen Titel übertragen können?"[1]) Da wurde dem Hang Djebat vom Fürsten der Titel Paduka Radja verliehen. Darauf erhob sich der König und begab sich in seine Gemächer, die Pegawai's und die Tun's giengen nach Hause. Hang Kasturi suchte den Bendahara auf und erzählte ihm ausführlich, wie der König dem Hang Djebat den neuen Titel verliehen. Da sprach der Bendahara: „Ganz recht, es ist nun geschehen, was ist daran auszusetzen, wenn der Herr seinem Diener eine Gunst erweisen will?" Hang Kasturi sagte darauf: „Da noch der Laksamana über uns gesetzt war, da wussten wir alle nichts von Unannehmlichkeiten, nichts von Ermüdung. Jetzt aber werden wir vom Djebat herberufen, (47) Brücken zu bauen, wir können kaum mehr aufatmen von der uns aufgetragenen Arbeit." Und Hang Kasturi dachte an den Laksamana und die Tränen traten ihm in die Augen. Er wollte sich nun verabschieden, aber der Bendahara hielt ihn zurück und bewirtete ihn. Darauf nahm er Abschied und begab sich heim.

Hang Djebat hielt sich nun immer in der Astana des Königs auf, er vergnügte sich mit den Dajang's und Gundik's des Königs bei den Klängen rauschender Musik. Und Hang Djebat vergieng sich mit den Dajang's, wohl wissend, dass es ihm niemand verweisen werde. Dann vergieng er sich mit den Biduwan's[2]) des Königs, die in der Nähe waren, und die Pegawai's hatten nicht den Mut, es ihm zu verweisen.

---

[1]) Hang Djebat fürchtet sich vor den beiden.
[2]) Sängerinnen.

Des ferneren vergieng er sich mit den Lieblingsgundik's des Königs, und niemand hatte den Mut, wer es auch war, auch nur ein Wort zu ihm zu sagen. Und Hang Djebat schmauste und zechte, tanzte und klatschte in die Hände. All dieses Treiben wurde von Hang Kasturi heimlich beobachtet, endlich konnte er seinen Unwillen nicht mehr zurückhalten und er sagte zu Hang Djebat: „Da der Laksamana unser Vorgesetzter war, sah ich den Bendahara, den Tumenggung und die Pegawai's, die bejahrten, immerfort im Balairung und im Bendul erscheinen. Seitdem aber Sie Vorgesetzter sind, sehe ich das nicht mehr. Was mag der Grund sein?" Hang Djebat antwortete: „Ja, der Bendahara hat den Laksamana eben gerne gehabt, er hat ja seinen Sohn an Kindesstatt angenommen. Was immer (48) der Laksamana meinte, meinte auch der Bendahara. Daher wollte der Bendahara ihn nicht töten. Ja, ja, wer weiss, ob er nicht noch am Leben ist, der Bendahara liebte ihn auch gar sehr. Aber mich, wie sollte der Bendahara mich gerne haben? Seine Majestät hat ja seinen Titel mir übertragen, deswegen erscheint der Bendahara nicht mehr hier, und deswegen grollen, denke ich, der Bendahara und der Tumenggung, dass ich den Titel Paduka Radja bekommen. Sie könnten eigentlich wegen Felonie belangt werden, der Bendahara und der Tumenggung. Ja, ja, ich will's dem König sagen, er solle sie herzitieren." Da versetzte Hang Kasturi: „Wenn Sie das dem Könige auch sagen würden, glauben Sie, der König würde den Bendahara in Ungnade fallen lassen? Der Bendahara ist ein alter Manteri und unser aller Haupt. Dann ist Seine Majestät mit dem Souverän von Madjapahit verfeindet. Und er hat nicht mehr wie früher den Laksamana, an den er sich halten könnte." Da sprach Hang Djebat: „Mit welchem Recht sagen Sie das? Sollte denn der Laksamana der einzige Hulubalang gewesen sein? Stehe nicht ich für den Laksamana da, wenn ein Feind Seiner Majestät auf dem Plan erscheint, ein persönlicher Feind oder ein Landesfeind?" Hang Kasturi antwortete: „Das wünsche ich," entfernte sich und gieng heim. Hang Djebat gieng nie mehr nach Hause, Tag und Nacht blieb er in der Astana des Königs, schmausend und zechend, auf alle Art sich amüsierend, jauchzend und lärmend, dass es weithin schallte, im Verein mit allen, die in der Astana waren. Als der König bemerkte, dass sich Hang Djebat Dinge herausnahm, als gehörte er zu einem königlichen Hause, dass von Anstand und Sitte an ihm nichts mehr wahrzunehmen war, (49) selbst dem Könige und dem Bendahara gegenüber, da erschien er nicht mehr in der Oeffentlichkeit. Er redete mit Tun Tidja: „Ach, Frau Königin, was sollen wir tun mit diesem Djebat? Wie ich sehen muss, sind wir so mit ihm dran: Schnöde ist sein Tun und Treiben. Das ist nun anders geworden, als damals, da der Laksamana seines Amtes waltete, mit edlem Anstand gegenüber allen in der Astana." Tun Tidja versetzte: „Das kommt daher, dass Ihre Majestät nicht hat prüfen und die Worte des Bendahara nicht hat hören wollen. Der Bendahara ist ein bejahrter Manteri und daher sollte Ihre Majestät auf jedes seiner Worte hören, denn es ist schwer, Herr, wieder einen Diener zu finden, wie der Laksamana einer war. Wäre der Laksamana noch da, der Djebat würde wohl aufhören, es zu treiben, wie sonst nur Angehörige königlicher Häuser es sich wohl herausnehmen. Nun gebe ich Ihnen folgenden Rat: Es möge sich Ihre Majestät zum Bendahara begeben und in dessen Haus vorläufig eine Zufluchtsstätte suchen. Dann sollen sich die Pegawai's beraten[1]), denn er ist am Ende doch nur ein einzelner Mensch." Als der König diese Worte der Tun Tidja gehört hatte, sprach er: „Wenn Sie das meinen, so packen Sie schleunigst zusammen!" Darauf wollte sich der König nach der Wohnung der Raden Emas Aju begeben: das war auch seine Gattin, sie war eine Tochter des Souveräns von Madjapahit. Aber im gleichen Augenblick kam Raden Emas Aju mit ihren zwei Kindern nach der Astana der Tun Tidja geeilt, um den König aufzusuchen. Sie traf mit ihm auf dem Wege zusammen. Der Fürst erschrak, als er Raden Emas Aju mit ihren zwei Kindern hereilen sah, er war betroffen ob diesem neuen Streich des Hang Djebat. Raden Emas Aju erzählte dem König alles, was Hang Djebat verübt hatte. (50) Als er ihren Bericht gehört hatte, so liess er Hang Kasturi, Hang Lakir und Hang Lakiwa rufen. Wie die drei Männer erschienen, befahl der König: „Man nehme alles, was zusammengepackt ist!" Da brach der Abend herein. Der König liess Tun Utama und Tun Bidja Sura rufen. Der König sprach: „Jetzt hat sich der Djebat wider mich empört, ich will mich ins Haus des Bendahara flüchten." Als Tun Utama und Tun Bidja Sura das Wort des Königs gehört, sagten die zwei Männer: „Majestät, wir bitten um den Kurzkriss, den der Laksamana getragen, mit dem getrauen wir uns, den Verräter Djebat aus dem Wege zu schaffen." Der König erwiederte: „Diesen Kriss habe ich dem Verräter Djebat geschenkt." Auf diese Worte des Königs schlugen sich Tun Utama und Tun Bidja Sura das Haupt, ausrufend: „O, das ist schlimm, das Sie den Kriss des Laksamana dem Djebat geschenkt. Jetzt wird's uns begreiflich, dass er sich solche Dinge herausnimmt." Da versetzte der König: „Hört, Tun Utama und Tun Bidja Sura, bringt mich vorerst fort mit meinen Frauen und Kindern, rettet mich ins Haus des Bendahara. Was dann den Kriss anbelangt, so habe ich viele Krisse, die besser sind, als der des Laksamana." Jetzt verliess der Fürst die Astana, mit den zwei Frauen und den zwei Kindern und begab sich nach dem Hause des Bendahara. Tun Utama und Tun Bidja Sura giengen an der Spitze des Zuges, Hang Lakir und Hang Lakiwa links und rechts, Hang Kasturi und die vierzig Biduwanda's zu hinterst. Die Frauen (51) in den beiden Astana's[2]), die sich mit dem Djebat nicht vergangen hatten, verliessen insgesamt dieselben und eilten dem Könige nach. Die Hofdamen in der Astana, die mit dem Djebat sich vergangen hatten, ergriffen nun ungescheut seine Partei. Ausgenommen vierzig Gundik's des Königs, vierzig Biduwan's und acht Pendikar's[3]), ausgenommen diese, hielten es alle mit Hang Djebat und dachten nicht daran, dem Könige zu folgen.

Der König gelangte zum Hause des Bendahara. Dieser erschrak, als er den König mit Weib und Kind kommen sah. Der Fürst sagte: „Ach, werter Bendahara, wische mir den Schmutz vom Antlitz!"[4]) Der Bendahara: „Was ist geschehen, dass

---

[1]) Nämlich: Wie dem Hang Djebat beizukommen sei.
[2]) Gemeint sind entweder die Astana des Königs und die der Tun Tidja oder die der Tun Tidja und der Raden Emas Aju.
[3]) Meister in der Waffenkunst. Fechtmeister.
[4]) D. h.: Räche die Schmach, die mir widerfahren ist.

Ihre Majestät so zu mir kommt?" Der König antwortete weinend: „Ach, werter Bendahara, lieber möchte ich die Wahrheit nicht sagen, aber du, werter Bendahara, bist wie ein Vater für mich, daher will ich sprechen. Wisse, der Djebat hat sich gegen mich empört." Als der Bendahara dieses Wort gehört, schlug er die Hände zusammen und rief: „Hatte ich Unrecht, als ich sagte, man müsse schlechte Menschen nicht in seine Nähe nehmen, und gute Diener nicht von sich stossen? Darum musste es so kommen." Der Bendahara und seine Gemahlin richteten rasch ihr Haus für den Aufenthalt des Königs her, und bezogen für sich eine andere Wohnung. Als sie fertig waren, am Abend, berief der Bendahara die Tun's und die Pegawai's zusammen, in voller Rüstung, um dem König Wache zu stehen, im Kampong des Bendahara. Alle fanden sich im Kampong (52) des Bendahara ein. Am Abend merkte Hang Djebat, dass der König samt seiner Familie sich aus der Astana geflüchtet hatte. Das machte ihm einen grossen Spass, er setzte sich auf die goldgeschmückte Peterana[1]), wo sonst der König zu sitzen pflegte. Vier Biduwan's sangen bezaubernd, man schmauste und zechte unter den Klängen der Musik. Hang Djebat badete und wusch sich den Kopf in der goldgeschmückten Badewanne, in welcher der König zu baden pflegte. Als er gebadet hatte, parfümierte er sich, dann liess er die Kleidertruhen des Königs herschaffen, wählte ein golddurchwirktes Kain desselben und zog es an, auch ein Badju des Königs aus Rambuti[2]) und ein gold- und edelsteingeschmücktes Kopftuch desselben legte er sich an. Als er sich so ausstaffiert hatte, setzte er sich auf die goldgeschmückte Peterana. Nun wurde Reis aufgetragen und Hang Djebat speiste, so wie Könige zu speisen pflegen. Als er gespeist hatte, schlief er, wo sonst der König zu schlafen pflegte.

Nun sei wieder vom König erzählt, der im Hause des Bendahara eine Zufluchtsstätte gefunden hatte. Am folgenden Morgen sprach der König: „Patih Krama Widjaja, gehe mit den Pegawai's und räume mir den Djebat aus dem Weg!" Der Patih Krama Widjaja und die Pegawai's sprachen: „Majestät, wir meinen, wir wollten ihn lieber lebendig fangen." Der König erwiderte: „Ich bin auch damit einverstanden." Da machten der Patih Krama Widjaja und die Pegawai's ein Sembah und verliessen den Kampong des Bendahara. (53) Der Patih Krama Widjaja sprach: „Die Pegawai's, die ich bei mir habe, die zwanzig, will ich in vier Gruppen ordnen, ferner will ich tausend Bewaffnete zuziehen, das wird dem Djebat seinen Mut schon legen." Da sprachen die Pegawai's: „Wir sind mit Ihrer Ordre einverstanden." So machte sich der Patih Krama Widjaja mit den zwanzig Pegawai's auf den Weg. Als sie beim Balairung angelangt waren, hörte der Patih Krama Widjaja die lautschallenden Klänge der Rebana. Er begab sich ins Balairung und hörte der Musik zu. Dann sprach er: „Dringen Sie, meine Herren, in die Astana und machen Sie den Djebat unschädlich. Ist es ihnen möglich, so nehmen Sie ihn lebend gefangen, ist es Ihnen nicht möglich, so lassen Sie mich machen. Vielleicht auch bricht er aus, er ist ja

---

[1]) Ehrensitz, Tron.
[2]) Ein Stoff.

nur ein einzelner." Da sprachen die Pegawai's: „Wir sind mit den Ordres des Herrn Patih einverstanden." Die Pegawai's drangen durch den Pagar, der die Astana umgab, mit ihren tausend Bewaffneten. Sie umzingelten die Astana mit lautem Geschrei, rufend: „He, Djebat, du Verräter, wenn du Courage hast, komm herunter aus der Astana unseres Herrn, dass wir dir den Hals abschlagen!" Als Hang Djebat die Leute heranrücken sah, ihn zu umzingeln, stand er auf und lachte, dann trat er vor die Türe und sah, dass die jungen Pegawai's da standen. Als die Pegawai's den Hang Djebat vor der Türe erblickten, eilten sie herzu, um ihn anzugreifen. Aber Hang Djebat zog seinen Kriss, kam die Treppe herunter, warf sich auf die, (54) welche in der Nähe der Türe standen und machte sie nieder, einige konnten sich hinausflüchten. Als die Pegawai's und ihre Leute sahen, wie Hang Djebat die Treppe herunterkam und anfieng, sie niederzumachen, da eilten die Pegawai's schleunigst zum Patih Krama Widjaja, einige machten sich sogar davon und rannten heim. Als der Patih Krama Widjaja sie flüchten sah, rief er: „Warum lauft Ihr alle davon?" Da antworteten die Pegawai's: „Als der Djebat herunter kam, um uns niederzumachen, war es uns, als ob tausend und tausend Männer uns angriffen. Es ist nicht daran zu denken, den Djebat zu ergreifen oder zu töten, nicht einmal ihm ins Auge zu schauen getrauen wir uns." Als der Patih Krama Widjaja die Worte der Pegawai's gehört hatte, beugte er sein Haupt und dachte bei sich: „Der Djebat da kennt sicherlich einen Zauber, er war mit dem Laksamana sehr vertraut, daher hat er von ihm zweifelsohne so etwas gelernt. Und ich bin ein alter Hulubalang, berühmt ist mein Name sogar im Lande Java, noch nie bin ich vor jemand gewichen. Da sich die Dinge so verhalten, so ist es für mich das klügste, ich gehe und statte Seiner Majestät Bericht ab. Sollte ich auch bei ihm in Ungnade fallen, das ist nicht so schlimm, wenn ich nur nicht die Schande auf mich lade, vor dem Djebat gewichen zu sein, das ist mir genug." Als der Patih Krama Widjaja so nachgedacht hatte, begab er sich zum König, die Pegawai's mit ihm. Wie Hang Djebat bemerkte, dass alles sich fortgemacht hatte, gieng er wieder in die Astana des Königs hinein, sass da, schmauste und zechte.

Als der König den Patih (55) Krama Widjaja kommen sah, rief er: „Nun, Patih Krama Widjaja, ist er tot, der Djebat, der Verräter?" Da sprach der Patih Krama Widjaja: „Majestät, ich bitte Sie um Verzeihung und Gnade. Was haben wir machen können? Ja, dieser Djebat, es ist eine heikle Aufgabe für jeden Hulubalang, ihn zu töten, oder nur ihm stand zu halten. Keine Rede davon, dass er getötet sei, nicht einmal verwundet ist er. Nur unsere Leute und unsere Hulubalang's hat's gekostet. Dieser Djebat ist kein gewöhnlicher Geselle, er ist ein grimmiger Haudegen. Aber immerhin, ich nehme Ihre Befehle auf mein Haupt." Diese Worte des Patih Krama Widjaja stimmten den König sehr betrübt, er blickte den Bendahara an und sprach: „Ach, werter Bendahara! Was raten Sie mir, werter Bendahara, inbetreff dieses Verräters Djebat? Wir können doch nicht zusehen, dass er so in meiner Astana schaltet." Da nahm der Bendahara das Wort: „Majestät, wenn wir das so gehen liessen, so hätte es den Anschein, als hätten Sie gar keine Getreuen. Drum will ich hingehen und den Verräter Djebat aus dem Wege räumen." Der

Fürst neigte sein Haupt und dachte an den Laksamana, da kamen ihm die Tränen in die Augen. Als Hang Kasturi die Worte des Königs und die Antwort des Bendahara gehört hatte, sprach er: „Majestät, der Bendahara darf seine Hände nicht am Djebat beschmutzen, stehen ja wir zwei, drei¹) Diener da noch zu ihren Diensten, und da sind auch noch die ergrauten Hulubalang's und die jugendlichen Pegawai's. Uns werde es aufgetragen, den Verräter Djebat zu töten. Ja, ich will's auf mich nehmen, mit dem Djebat zu kämpfen, wo es auch sein mag, und was für Mittelchen er auch haben mag. Niemals werde ich ihm (56) weichen." Als der König Hang Kasturi's Worte gehört hatte, sagte er: „Du, Tun Kasturi, du bist mein getreuer Diener. Hiemit, Tun Kasturi, trage ich es dir auf, den Djebat zu töten. Wenn er durch deine Hand gefallen ist, werde ich wissen, dich zu belohnen. Nimm meine vierzig Diener und tausend Bewaffnete mit dir!" Da berief der Bendahara tausend tüchtige Männer, die leichte Lanzen und Schilde trugen, ferner die vierzig Biduwanda's und hundert Galalanzenträger. Als man zum Aufbruch bereit war, machte Tun Kasturi eine Geste tiefster Ehrfurcht, dann begab er sich auf den Weg nach der Astana. Wie man sich innerhalb des Pagar's befand, machte man Halt, auf dem Vorplatz der Astana, die Soldaten stellten sich in Reih und Glied, und Hang Kasturi rief mit lauter Stimme: „He Djebat, du Verräter, wenn du Mut hast, so komm, wir wollen's mit einander wagen!" Als Hang Djebat hörte, dass ihn jemand rief, erhob er sich sofort von der Peterana und trat vor die Türe der Astana. Da sah er, dass die, welche gekommen, Tun Kasturi, Tun Lakir und Tun Lakiwa waren, mit den vierzig Dienern des Königs. Tun Kasturi erblickte den Djebat vor der Türe und rief: „So, Verräter Djebat, so handelst du an Seiner Majestät? Wie viel Gunst hat dir Seine Majestät erwiesen, und du vergiltst ihm so! Nun aber komm, wir wollens mit einander wagen!" Als der Djebat die Worte (57) des Tun Kasturi gehört hatte, lachte er und sprach: „Mein Bruder, was kann ich dafür, mein Schicksal hat's so gewollt. — Ja, ja, der Name eines Mannes, der Mut hat, heisst anders²). — Wenn's zum Tode kommt, dann ist's allerdings aus³), aber der Djebat wird nicht in der Astana sterben, nicht wird ein Hulubalang, wer er auch sei, den Djebat töten können. — Doch, der Djebat bereut, was er verbrochen."⁴) — Und er lachte und sprach weiter: „Wenn's zum Sterben kommt, und die Seele scheidet, dann ist's mit dem Djebat zu Ende, aber es sagen die Leute, welche es wissen können, dass mein Tod in den Händen des Laksamana liegt. Wenn ein anderer kommt, als der Laksamana, wenn alles Volk dieses Reiches sich vereint, um mich zu töten, ich werde nicht sterben. Nun ist aber der Laksamana nicht mehr in dieser Welt, wie sollte ich also sterben müssen? Und das Blut des Laksamana, ich bin derjenige, der

---

¹) Er denkt an sich, Hang Lakir und Hang Lakiwa.

²) Hang Kasturi hatte gesagt: „Komm herunter, wenn du Mut hast", nun antwortet Hang Djebat ironisch: „Ich habe keinen Mut."

³) Man hatte früher hinaufgeschrieen: „Komm herunter, wir wollen dich töten", das ist nun die Antwort darauf.

⁴) Er redet wieder ironisch.

es rächt am König von Malaka und an den Pegawai's, die den Laksamana verleumdet. Warum werden denn nicht die Pegawai's, die den Laksamana verleumdet, vom König hergeschickt, mich zu töten, dass ich ihnen den Hals abschlage? Meine drei Brüder sind nicht meine Feinde, nicht will ich meine Hand kommen lassen über sie. Bei Allah und seinem Gesandten, wisst, dass ich mit meinen Brüdern nicht kämpfen will." Als Hang Kasturi die Worte des Hang Djebat vernommen, sprach er: „Djebat, ich begreife deine Worte. Aber was kann ich tun, ich stehe unter dem Befehl meines Herrn. Wenn ich auch sterben muss, ich bin's zufrieden. Willst du also nicht herunter kommen, so komme ich hinauf, in die Astana." Da lachte Hang Djebat und (58) sprach: „Nun gut, so komme ich hinunter. Aber sieh zu, ob du's, wenn du die Hand des Verräters Djebat spürst, aushalten kannst! Wenn ich einmal einen schlechten Namen haben muss, so will ich ihn nicht nur halb." Mit diesen Worten zog er den Kriss, drang auf die Menge ein und stach. Vier, fünf Männer fielen oder wurden verwundet. Als die vierzig Biduwanda's und die tausend Lanzenträger sahen, wie der Djebat herunter kam, zu morden, rannten sie alle davon, ohne darauf zu achten, wohin es gieng. Hang Kasturi hielt stand auf dem Vorplatz, mit gezücktem Kriss, den Angriff des Hang Djebat erwartend. Aber Hang Djebat stieg wieder in die Astana hinauf und setzte sich hin zu schmausen und zu zechen, er trieb allerlei Kurzweil und scherzte mit den Dajang's und wer sonst in der Astana war, zusammen warens siebenhundert Personen. Da kehrte Hang Kasturi zum Könige zurück, und über alles, was Hang Djebat getan und gesprochen, stattete er Bericht ab. Der König wurde ganz niedergeschlagen. Da nahm der Patih Krama Widjaja das Wort: „Habe ich Unrecht gehabt, als ich sagte, weil er eine Wissenschaft[1]) besitzt, kann niemand gegen ihn ankommen." Der König neigte sein Haupt, man konnte ihm seine Kümmernis ansehen. Und der Tumenggung bemerkte es und sprach: „Majestät, ich bitte um Verzeihung und Gnade. Jetzt will ich versuchen, den Djebat zu töten. Will er nicht herunterkommen, aus der Astana, so lasse ich meine Leute hinaufsteigen. Nur bitte ich mir den Tun Utama und den Tun Bidja Sura zu Genossen aus." Als der König das Anerbieten des Tumenggung vernommen hatte, so (59) sprach er zu Tun Utama und Tun Bidja Sura: „Gehen Sie, meine Herren, ich beordere Sie, den Tumenggung zu begleiten, denn Sie, meine Herren, sind bejahrte Diener meiner Person." Da sprachen die beiden Herren: „Majestät, wir zwei Brüder legen unser Leben Ihrer Majestät zu Füssen." Der Tumenggung, Tun Utama und Tun Bidja Sura machten ein Sembah und giengen hinaus, ihre Leute, drei tausend, zusammenzurufen. Sie wählten aus diesen drei tausend nur zweihundert, um sie mitzunehmen. Als man bereit war, brach der Tumenggung mit den beiden Herren nach der Astana des Königs auf. Alle Einwohner der Stadt schlossen sich dem Tumenggung an, um Augenzeugen des Schauspiels zu sein. Als der Tumenggung vor der Astana angelangt war, da erhob die ganze Menge ein Geschrei, dass es wie Donner erscholl. Man umzingelte die Astana von allen Seiten. Hang Djebat lachte,

---

[1]) Eine übernatürliche Wissenschaft.

als er das Geschrei der Leute hörte, dann erhob er sich von der Peterana und trat unter die Türe der Astana. Er sah, dass es der Tumenggung, Tun Utama und Tun Bidja Sura waren, die da gekommen. Als die Menge den Hang Djebat vor der Türe der Astana stehen sah, rief sie: „He, Djebat, du Verräter, wenn du Mut hast, so komm herunter, dass wir dir den Hals abschlagen." Da lachte Hang Djebat und sprach: „Nein, Tumenggung, Tun Utama, Tun Bidja Sura, ihr würdet mich dauern, ihr alten Hulubalang's des Landes Malaka. Und dann, ihr gehört ja nicht zu denen, die gegen den Laksamana intrigierten und ihn verleumdeten. Hättet ihr gegen ihn intrigiert, so würde ich euch (60) jetzt allerdings zu Schanden hauen, ich würde euch zu Paaren treiben, wie eine Schaar Schafe. Aber ihr waret ja dem Laksamana gut. Was ist also zu tun? Warum hat nicht der Patih Krama Widjaja samt den Pegawai's, welche gegen den Laksamana intrigierten und ihn verleumdeten, den Befehl erhalten, mich zu töten? Hör, Tumenggung, geh und sage Seiner Majestät, er möge befehlen, dass der Patih Krama Widjaja samt den Pegawai's, die gegen den Laksamana intrigiert haben, herkommen, mich zu töten, dass ich das Blut des Laksamana räche." Diese Worte des Hang Djebat frappierten den Tumenggung, er dachte: „Ja, wenn der Hang Djebat aufrichtig spricht, so will er wirklich nur den Tod des Laksamana rächen, es macht mir so den Eindruck." Da rief die Menge: „Verräter Djebat, so, du fürchtest dich, herunterzukommen. Kommst du aber nicht herunter, so kommen wir hinauf." Hang Djebat erwiderte: „Gut, ich komme, aber seht ja wohl zu, ob ihr, wenn ihr die Hand des Djebat spürt, es aushalten könnt! Wenn ich einmal den Namen eines Verräters haben muss, so will ich ihn nicht nur halb." Mit diesen Worten zog er den Kriss, sprang hinunter und griff die Menge an. Wer ihm in die Quere kam, wurde erstochen. Da rannte alles davon, die einen dahin, die andern dorthin, wie sie sahen, dass Hang Djebat mordete, wie ein wütender Tiger, der sich um keine Ueberzahl der Feinde kümmert. Die Klinge des Krisses leuchtete wie ein Vulkan, der Menge mit dem Feuertode drohend. Zurück blieben einzig der Tumenggung, Tun Utama und Tun Bidja Sura, stand haltend auf dem Vorplatz der Astana, in den Händen das Schwert und den Schild, den Angriff des Djebat zu erwarten. Sie waren höchlich erstaunt, da sie (61) sahen, wie Hang Djebat die Leute hinmordete, und der Tumenggung dachte bei sich: „Das muss man ihm lassen, der Djebat ist ein grimmiger Haudegen, Ausserordentliches kann er. Dringt er jetzt auf mich ein, wie könnte ich ihm stand halten? Keine Rede davon, dass ich ihn töten könnte, nicht einmal das Schwert könnte ich gegen ihn erheben. Wollte ich aber vor ihm ausreissen, so müsste ich mich schämen, ich, ein alter Hulubalang." Als Hang Djebat sah, dass die Menge zerstoben war und dass nur der Tumenggung, Tun Utama und Tun Bidja Sura stand hielten, auf dem Vorplatz, so sprang er hinauf, in die Astana, zu schmausen und zu zechen. Da kehrte der Tumenggung zum Könige zurück. Dieser sprach: „Nun, Tumenggung, was hast du mir von dem Verräter Djebat zu berichten?" Da sprach der Tumenggung: „Majestät, wie ich die Sache erfahren habe und wie ich sie mir ansehe, so ist's, den Djebat zu töten, keine Kleinigkeit. Getötet werden muss er auf alle Fälle, aber es ist schwer, wie soll's geschehen? denn wahr ist's, was der Patih Krama Widjaja gesagt hat."¹) Nun erzählte er alles, was geschehen war, dem König und dem Bendahara. Als der König den Bericht des Tumenggung gehört hatte, da dachte er an den Laksamana, er neigte das Haupt, Tränen perlten aus seinen Augen, er schlug sich die Schenkel²) und sprach: „Wie leid tut's mir um meinen Diener Laksamana. Wo soll ich einen Diener suchen, wie der Laksamana war? Und der König wandte sich voll Zorn zu den Pegawai's, die den Laksamana verleumdet hatten. So, ihr alle, geht ihr nun, euern Vater³), den Djebat zu töten, ich brauche nicht länger auseinanderzusetzen, dass seine Wegschaffung euch obliegt. Wenn der Djebat nicht getötet wird, kostet es euch den Kopf." (62) Als die Pegawai's diese Worte des Königs gehört hatten, da neigten sie ihr Haupt, angsterfüllt. Der König fuhr fort: „Du, Patih Krama Widjaja, und ihr, Tun's, geht, schlagt euerm Vater, dem Djebat, den Hals ab. Was rührt ihr euch nicht? Ja, lasst euern Vater nur schön in meiner Astana schalten!"

Der König wandte sich an den Bendahara: „Werter Bendahara, wo ist der Sohn des Laksamana, den du, werter Bendahara, erziehst?" Der Bendahara antwortete: „Majestät, Ihr Diener ist noch klein, er ist noch ein Kind, er hat sich die feine Bildung noch nicht angeeignet." Der Fürst fragte: „Wie alt ist er? Ist er so alt, wie sein Vater war, als du, werter Bendahara, ihn bestimmtest, mein Diener zu werden?" Der Bendahara: „Er ist noch nicht so gross, Herr." Der König: „Lass ihn rufen, dass ich ihn sehe." Da liess ihn der Bendahara rufen. Tun Kadim erschien sofort vor dem König, nahm Platz⁴) neben dem Bendahara und machte ein Sembah. Der König sprach: „So, Bendahara, ist das der Sohn des Laksamana?" Da antwortete der Bendahara: „Ja, Herr." Und dann sprach auch Tun Kadim: „Ich bin's, Herr." Wie der König die Worte des Tun Kadim gehört hatte und wie er sah, dass seine Manieren überaus fein waren, dass er sich sehr bescheiden benahm gegen den König und die Pegawai's, da fühlte er sich mächtig zu ihm hingezogen, und er sprach: „Werter Bendahara, Tun Kadim ist, wie ich sehe, ganz das Ebenbild seines Vaters." Der Bendahara: „Majestät, ich wollte ihn schon Ihrer Majestät präsentieren, denn er, der kleine Diener da, ist immer der Diener Ihrer Majestät gewesen, (63) und überdies existiert noch eine letztwillige Verordnung seines Vaters, dahin lautend, sein Sohn solle dem Prinzen, Ihrem Sohn, präsentiert werden, dass er der Diener des Prinzen, Ihres Sohnes, werde." Der Fürst: „Kadim, ich nehme dich an Sohnesstatt an, denn dein Vater hat sich um mich sehr verdient gemacht." Tun Kadim: „Majestät, Ihren Befehl nehme ich auf mein Haupt, denn ich bin ein niedriger, armer Sklave." Der König dachte voll Wehmut an den Laksamana. Wie der Bendahara merkte, dass der König voll Schmerz an den Laksamana dachte, sprach er: „Majestät, ich bitte um Verzeihung und Gnade zu Füssen Ihrer Majestät. Wenn der Laksamana noch am Leben wäre, würde Ihre Majestät ihm verzeihen?" Der Fürst: „Ach, werter Bendahara, wie könnte ein Toter wieder lebendig werden? Allerdings sieht es so aus in meinem Innern, wenn

---

¹) S. 30.
²) Ein Zeichen der Verzweiflung.
³) „Vater" ist bildlich gesagt.
⁴) Das Sitzen ist höflich.

der Laksamana wieder lebendig würde, so wäre es mir, als hätte ich einen Schatz gefunden auf dem Erdboden. So ist's mir in meinem Innern, nenne, werter Bendahara, lieber den Namen des Laksamana nicht mehr. Ja, würde der Laksamana wieder lebendig, es wäre mir in meinem Herzen, als kehrte mein entschlafener Vater, der auf dem Bukit Siguntang ruht, wieder ins Leben zurück." Als der Bendahara dieses Wort gehört, sagte er: „Ja, ja, so musste es kommen. Ich lege mein Leben zu Ihren Füssen, wenn Ihre Majestät mir zürnen und befehlen sollte, dass mein ganzes Haus an sein Ende denken solle, so waren meine Worte doch wahr[1]). Aber um auf den Djebat zurückzukommen, es gibt einen Widersacher, der ihn töten kann." So liess der Bendahara gleichsam Lichtblitze aufflammen vor dem König, auf den Laksamana (64) anspielend, und dem König gieng eine Ahnung auf, wo der Bendahara hinzielen wolle. — — Da Tun Kadim gehört hatte, dass der König und der Bendahara den Namen seines Vaters wiederholt erwähnten, nahm er das Wort: „Majestät, ich bitte Ihre Majestät um Verzeihung und Gnade. Ich will mit Djebat, dem Verräter, den Kampf aufnehmen, denn ich habe erzählen gehört, dass mein Vater Hang Tuwah schon als Knabe mit Feinden gekämpft hat. Was hätte es für einen Zweck, mich aufzuziehen, wenn ich mich um Ihre Majestät nicht verdient mache? Ich sterbe gern im Dienste Ihrer Majestät." Als der König die Worte des Tun Kadim gehört hatte, war er gerührt, und so auch der Bendahara, und der König sprach: „Kadim, ja, du weisst nicht, was kämpfen heisst. Wenn du das Kämpfen verstündest, so würde ich dir jetzt auftragen, den Djebat zu töten. Nun aber getrauen sich nicht einmal die ergrauten Hulubalang's vor den Djebat hinzutreten." — — Nun fuhr der Bendahara wieder fort: „Ja, Herr, deswegen habe ich Ihrer Majestät abgeraten, den Laksamana aus dem Wege räumen zu lassen, weil es schwer ist, dass Ihre Majestät wieder einen Diener und einen Hulubalang finde gleich dem Laksamana. Und wie sieht jetzt die Sache aus? Reut es Sie nun nicht, Majestät?" Als der König diese Worte des Bendahara vernommen hatte, da weinte er und sprach: „Was kann ich machen? Es ist offenbar mein Schicksal, Schande zu erleben. Lebte der Laksamana noch, so wäre es nicht so gekommen." Da sprach der Bendahara: „Majestät, ich (65) bitte Sie um Verzeihung und Gnade. Das[2]) giebt mir den Mut, Sie zu fragen: Wenn der Laksamana noch am Leben wäre, würden Sie ihn wieder in Gnaden aufnehmen?" Als der König dieses Wort des Bendahara gehört hatte, verstand er die Andeutungen desselben, es pochte sein Herz, er sprang auf, ergriff die Hand des Bendahara und zog ihn ins Haus hinein, in ein Gemach, wo sie allein sein konnten. Da sprach der König: „O, werter Bendahara, was will das bedeuten, was du da sprichst, der Laksamana ist ja tot, ich habe dir selber den Befehl gegeben, ihn aus dem Weg zu räumen, werter Bendahara. Nun sprichst du, werter Bendahara so, als lebte der Laksamana noch. O, wenn der Laksamana noch lebte, es wäre mir im Herzen, wie wenn ich von dir, werter Bendahara, empfangen würde. auf dem Bukit Siguntang[3]), und von

---

[1]) Dazu ist zu denken: „als ich sagte, der Laksamana dürfe nicht getötet werden."
[2]) D. h.: Ihre Reue.
[3]) Also an heiliger Stätte.

dir, werter Bendahara, zum Könige gemacht würde über das Reich Bintan, und noch dazu von dir, werter Bendahara, zum Könige gemacht würde über die Stadt Malaka, und ich also dies alles dir zu verdanken hätte. Nun aber habe ich eine Schande erlitten, die nicht erwähnt und nicht genannt werden darf im Reichsrate. Beschmutzt mit Kot hat der Djebat mein Antlitz, nur du, werter Bendahara, kannst es wieder rein machen. Wer wäre sonst, auf den ich vertrauen könnte? Ich bin wie ein schwer kranker Mann, nur du, Bendahara, kannst mich heilen." Als der Bendahara die Worte des Königs gehört hatte, ergriff ihn tiefes Mitleid mit ihm, und er sprach: „Majestät, ich bitte um Verzeihung und Gnade. Ich lege mein Leben und das Leben meiner Angehörigen Ihrer Majestät zu Füssen, ich bin sehr ungehorsam gewesen, (66) ich habe den Laksamana gerettet. Ich sah, dass er unschuldig war, und ein zweiter Grund, ich dachte, es wäre schade um den Laksamana, denn wo könnten Sie, Herr, wieder einen Hulubalang finden, gleich dem Laksamana? Jetzt ist er ein Fakir geworden. Nun ist aber die Frage, ob er wieder Hulubalang sein will, wie früher, denn er ist ein unbeugsamer Charakter, fürchtet er ja den Tod nicht. Ich musste ihn förmlich zwingen sich zu retten." Als der König diese Worte des Bendahara gehört hatte, war er hoch erfreut, er sprang auf, umarmte und küsste den Bendahara und sprach: „Du, werter Bendahara, du giebst mir das Leben wieder. Für Zeit und Ewigkeit bist du, werter Bendahara, du, mein Vater, und Tun Mat mein Bruder. Wenns so ist, wie du sagst, so gehe du, werter Bendahara, selber den Laksamana holen. Will er nicht kommen, so gehe ich selber und hole ihn." Da sprach der Bendahara: „Nein, Herr, gehen Sie nicht selber. Es ist am besten, Tun Pekrama und Tun Kasturi, die zwei, werden hingeschickt, den Laksamana zu holen." Als der König dieses Wort des Bendahara gehört hatte, befahl er dem Tun Pekrama und dem Tun Kasturi, hinzugehen und den Laksamana zu holen.

Die beiden Herren fuhren den Fluss hinauf, ins Binnenland von Malaka. Nach einiger Zeit gelangten sie an den Ort, wo der Laksamana sich aufhielt. Tun Pekrama und Tun Kasturi stiegen ans Land und fragten bei den Bewohnern des Dusun, wo der Laksamana zu finden sei. Die Aufseher des Dusun antworteten: „Der Laksamana (67) weilt als Schüler beim Scheich Mansur, er ist vom Scheich an Sohnesstatt angenommen worden." Als die beiden Herren diese Auskunft erhalten hatten, sagten sie, Tun Pekrama und Tun Kasturi: „Gut, morgen wollen wir den Laksamana aufsuchen, für heute ist's zu spät." Den gleichen Abend sass der Laksamana beim Scheich Mansur und unterhielt sich mit ihm. Der Scheich sprach: „Mein Sohn Laksamana, morgen wirst du, mein Sohn, vom Könige zurückberufen werden, denn in der Stadt Malaka ist alles drunter und drüber, als wäre sie von einem Feind eingenommen worden. Das ist nun allerdings nicht der Fall, wohl aber ist die Astana des Königs in andere Hände gekommen, jedoch weilt der König immer noch in der Stadt." Als der Laksamana die Worte des Scheich's gehört hatte, neigte er sich und schaute in die Kutika[1], und fand darin die Bestätigung dessen, was der Scheich gesagt hatte. Der Laksamana sprach: „Mein Herr, ich,

---

[1] Wahrsagebuch.

Ihr Diener, bitte Sie um ein Andenken, zur Erinnerung daran, dass ich als Diener zu Ihren Füssen geweilt." Da nahm der Scheich sein abgetragenes Kopftuch und gab es dem Laksamana mit den Worten: „Mein Sohn, nimm dieses Kopftuch. Wenn du, mein Sohn, einen Kampf zu bestehen hast, so trage es, mein Sohn." Der Laksamana war hocherfreut, dieses Kopftuch erhalten zu haben.

Am folgenden Morgen betraten Tun Pekrama und Tun Kasturi das Dusun des Scheich's. Um diese Zeit sass der Laksamana gerade beim Scheich. Als der Laksamana den Tun Pekrama und den Tun Kasturi kommen sah, stand er auf (68), die beiden Herren zu begrüssen. Tun Kasturi sprach: „Seien Sie gegrüsst, mein Bruder Laksamana, Sie Hochberühmter im javanischen und im malaiischen Lande!" Da erwiderte der Laksamana: „Seid auch ihr gegrüsst, meine beiden Brüder, welche Angelegenheit führt euch hieher?" Da traten Tun Pekrama und Tun Kasturi näher, nahmen Platz und sprachen: „Das Wort Seiner Majestät ruft Sie zurück, denn Seine Majestät hat grosse Sehnsucht nach Ihnen. Ihr Sohn Tun Kadim ist vom Fürsten an Sohnesstatt angenommen worden." Als Tun Pekrama und Tun Kasturi den Auftrag des Königs ausgerichtet hatten, bezeugten sie dem Scheich ihre Ehrfurcht. Wie der Laksamana die Worte des Königs vernommen und gehört hatte, dass sein Sohn Tun Kadim vom Könige an Sohnesstatt angenommen war, dankte er tausendfach Gott, dem verzeihenden Herrn. Tun Pekrama und Tun Kasturi wurden vom Scheich bewirtet, sie erhielten von allen Früchten des Dusun. Der Scheich sprach: „Mein Sohn, es wird das beste sein, du, mein Sohn, kehrest sofort zurück. Die Stadt Malaka ist wie zerstört, und ob der König noch lebt, wer kann das wissen?" Als der Laksamana diese Worte des Scheich's gehört hatte, da ergriff ihn tiefes Mitleid mit dem König, es perlten Tränen in seinen Augen. Er zog das Messer aus dem Gürtel an seiner Seite, reichte es dem Scheich und sprach: „Ich habe kein anderes Andenken, um es zu Ihren Füssen zu legen, als dieses Messer da, mögen Ihre Hände es gebrauchen." Der Scheich nahm es, (69) er sah, dass die Scheide von Gold war, vom reinsten Gold, besetzt mit Edelsteinen von neun Sorten. Der Griff war aus Horn, an demselben befand sich ein Diamant von hellstem Glanz, und auch die Klinge war sehr schön. Der Scheich war hocherfreut und sprach: „Diese Ihre Güte ist mir ein Beweis, dass Sie wirklich mein Sohn sind. Dieses Messer würde ich gegen eine Stadt mit allem, was darin ist, nicht tauschen. Die Liebe meines Sohnes kann nur Allah, der Allerhöchste, vergelten. Wenn es der Wille Allah's, des Allerhöchsten ist, möge er meinen Sohn, wo er immer weile, schützen vor allem Bösen, das meinen Sohn treffen könnte." Nun sprach der Scheich ein Gebet für den Laksamana, und dieser verneigte sich bis zu den Füssen des Scheich's und nahm Abschied von ihm. Der Scheich umarmte und küsste den Laksamana. Auch Tun Pekrama und Tun Kasturi nahmen Abschied vom Scheich. Jetzt verliess der Laksamana das Dusun des Bendahara. Als man die Prau bestiegen hatte, ruderten die Leute flussabwärts, nach Malaka. Wie man da angelangt war, verlangte der Laksamana, man solle ihn in Fesseln legen[1]), aber Tun Pekrama sprach: „Seine Majestät hat mich

---

[1]) Es ist das der stärkste Ausdruck seiner Loyalität.

beauftragt, falls der Laksamana verlange, in Fesseln gelegt zu werden, solle ich es
nicht zugeben." Als der Laksamana das Wort des Tun Pekrama gehört hatte,
stieg er ans Land, mit Tun Pekrama und Tun Kasturi. Wie die Einwohner der
Stadt Malaka den Laksamana kommen sahen, so waren sie alle hocherfreut, alle
insgesamt liefen herbei, erwiesen ihm ihre Ehrfurcht, sich bis zu seinen Füssen
verneigend, und riefen aus: „Jetzt ist uns allen das Leben wiedergegeben, (70)
erlöst sind wir aus der Hand des Verräters Djebat, denn unser Vater, der tot war,
ist wieder lebend." Der Laksamana gelangte zum Kampong des Bendahara, da
wartete er draussen, am Tore. Tun Pekrama und Tun Kasturi giengen hinein.
Als der König den Tun Pekrama und den Tun Kasturi kommen sah, rief er: „Wo
ist der Laksamana?" Da sprach Tun Pekrama: „Majestät, Ihr Diener wartet draussen,
an der Pforte." Als der König dies Wort des Tun Pekrama gehört hatte, da begab
er sich eiligst hinunter, zum Laksamana. Wie dieser den König kommen sah, warf
er sich demselben zu Füssen. Aber der Fürst umarmte und küsste ihn, nahm ihn
bei der Hand und führte ihn ins Haus des Bendahara hinauf. Da machte der Laksamana eine Verbeugung bis zu den Knieen des Bendahara, und dieser umarmte
und küsste ihn. Der König sprach: „Wisse, Laksamana, mein werter Bendahara
ist's, der mir das Leben wieder gegeben und den Schmutz auf meinem Antlitze
weggewischt hat, drum ist mein werter Bendahara mein Vater geworden." Da
sprach der Bendahara: „Majestät, ich bin ein alter Diener Ihrer Majestät!" Der
König liess den Laksamana baden und ihm das Haupt waschen. Dann zog der
Fürst die königlichen Kleider aus, die er am Leibe trug, und schenkte sie dem
Laksamana. Darauf trug man die Mahlzeit auf. Der König genoss zwei, drei Bissen,
nicht mehr, das Uebrige gab er dem Laksamana [1]), mit den Worten: „Mein Teuerster,
geniesse meine Speise." Der Laksamana (71) machte ein Sembah, mit den Worten:
„Majestät, ich nehme die Speise ehrfurchtsvoll hin." Der Laksamana genoss die
Speisen. Als er fertig war, sprach der Fürst: „Ach, mein Teuerster, ich habe grosse
Schande erlebt, wer anders als du, Teuerster, kann mir den Schmutz vom Antlitz
wischen?" Da sprach der Laksamana: „Ich bin bereit, Majestät." Darauf wandte
er sich zum Bendahara und sprach: „Ich bitte um meinen Langkriss." Da liess der
Bendahara sofort den Langkriss holen und überreichte ihn dem Laksamana. Dieser
nahm und küsste ihn. Darauf machte er ein Sembah vor dem König, stieg hinunter
auf den Platz und machte wieder ein Sembah. Dann zog er den Langkriss aus der
Scheide und machte, ihn schwenkend, Sprungbewegungen, zwei bis drei Sprünge nach
links und nach rechts. Da spürte er, dass seine Kräfte nicht mehr waren wie früher.
Als er mit dem Kriss diese Uebungen gemacht hatte, sagte er: „Majestät, heute
kann ich mit dem Verräter Djebat nicht kämpfen, mein Leib ist so schwerfällig,
ich fühle es wohl, ich bin nicht mehr wie früher, denn vier Monate habe ich nicht
mehr den Griff eines Krisses oder eines Schwertes berührt." Da sprach der König:
„Es ist so, wie du, Laksamana sagst, ich selber habe es bemerkt, dass es ein grosser
Unterschied ist, wie du jetzt springst und den Kriss schwenkst." Er wandte sich

---
[1]) Zeichen grosser Gunst.

nun an den Bendahara: „Werter, lass Leute kommen, welche das Massieren verstehen, lass den Laksamana massieren, etwa vier, fünf Tage lang und pflege ihn ja gut." Da sprach der Bendahara: „Ja, Majestät." Der Bendahara nahm den Laksamana mit sich heim, und letzterer (72) wurde nun massiert, fünf Tage und fünf Nächte. Darauf machte er wieder Proben in der Handhabung des Langkrisses, des Schwertes und des Schildes. Es war geradezu wunderbar, wie er es jetzt konnte. Darauf ging der Bendahara mit dem Laksamana zum König. Dieser sagte: „Bist du jetzt imstande, mein Teuerster, den Verräter Djebat zu töten?" Da antwortete der Laksamana: „Ja, Majestät. Ich bitte Sie um Verzeihung, ich bitte um meinen Kurzkriss, damit ich den Verräter Djebat aus dem Wege räumen kann." Da sprach der König: „Ach, Laksamana, diesen Kriss habe ich dem Verräter Djebat gegeben." Als der Laksamana diese Worte des Königs gehört hatte, schlug er sich die Schenkel und rief aus: „O, wie schade ist's, dass dieser Kriss in die Hände des Djebat gekommen ist. Wer darf's nun wagen, vor ihn zu treten?" Da sprach der König: „Mach dir, Teuerster, keine Sorgen um diesen Kriss. Ich habe viele Krisse, die weit besser sind als der deinige, Laksamana. Es sind diese Krisse Geschenke aus Madjapahit, sieben Stück. Alle sieben sind ausgezeichnet durch ihr Gift und ihre Schärfe und das Holz ihrer Scheide. Dann habe ich wieder Krisse, geschenkt von meinem Bruder, dem Ratu Malaju, drei Stück, auch diese sind gut, ferner Krisse, geschenkt vom Adipati[1]) von Palembang, auch diese sind sehr gut. Wähle, Laksamana, nimm den, der deinem Sinn gefällt." Nun wurden die Kästchen mit diesen Krissen herbeigebracht, vor den Laksamana, und aufgemacht. Der Laksamana musterte sie, einen um den andern, indem er sie aus der Scheide zog. Gleich waren alle, keiner gefiel dem Sinn des Laksamana, keiner war zu vergleichen mit dem Kriss, der nun in den Händen des Djebat war. Da öffnete man ein anderes Kästchen, (73) in welchem sich ebenfalls mehrere Krisse befanden, von verschiedenartigster Arbeit und verschiedenartigstem Aussehen. Es waren solche mit goldenem Heft, juwelengeschmückt, es waren andere mit goldener Scheide, aber keiner gefiel dem Sinn des Laksamana. Darauf fand er einen echten Glückskriss[2]), mit Edelsteinen bis zur Spitze bedeckt, das Heft bestand aus einer Legierung von Gold und Kupfer, besetzt mit ganz kleinen Edelsteinen, die Scheide war golden, ciseliert und mit roten Edelsteinen besetzt. Der Kriss hatte noch eine zweite, eine innere Scheide, ferner war eine Kette angebracht. Der Laksamana zog diesen Kriss aus der Scheide, aber auch der gefiel ihm nicht. Dann war noch ein Parang Sari[3]) da, mit siebzehn Lok's[4]), mit zierlicher Arbeit bis zur Spitze geschmückt, die Figuren darstellte. Dieser Kriss gefiel dem Sinn des Laksamana um etwas weniges besser. Als er ihn gemustert hatte, steckte er ihn wieder in die Scheide. Darauf sprach er: „Majestät, ich bitte um Verzeihung, unter der ganzen Zahl dieser Krisse ist keiner, der den Kriss des Djebat

---

[1]) Titel eines hohen Beamten.
[2]) Ein Kriss, der gesegnet oder mit einem Zauberspruch belegt ist und Glück und Sieg verschafft.
[3]) Eine messer- oder dolchähnliche Waffe.
[4]) Der Kriss ist gewellt, die einzelne Krümmung heisst Lok.

parieren könnte, keiner gefällt mir, nur der Parang Sari gefällt mir um etwas weniges besser, ich kann ihn als zweiten Kriss[1]) verwenden; aber auch dieser Kriss kann den Verräter Djebat nicht töten. Allerdings kann der Djebat mich auch nicht töten[2]), aber das Volk kann er gleichwohl hinmorden." Als der Fürst die Worte des Laksamana gehört hatte, da kam ihm in den Sinn, er habe noch einen Kriss, den ihm sein Vater auf dem Bukit Siguntang[3]) geschenkt hatte. Er sprach: „Ach, werter Bendahara, ich habe nicht an den Kriss gedacht, den mein seliger Vater mir geschenkt, nun kommt es mir in den Sinn." Da fragte der Bendahara: „Majestät, wo ist jetzt dieser Kriss?" Der König: „Diesen Kriss habe ich nicht mitgenommen, er ist noch (74) in der Astana, ich habe ihn auf ein Paradekissen gelegt." Als der Bendahara und der Laksamana diese Worte des Königs gehört, drückten sie ihr lebhaftes Bedauern darüber aus, dass es mit dem Kriss so gegangen. Da fragte der König: „Wen kann ich damit beauftragen, hinzugehen und den Kriss zu holen? Sehr gross wäre ein solches Verdienst um mich." Dreimal fragte der König, aber niemand rührte sich. Da blickte der Laksamana auf Tun Kasturi. Dieser machte ein Sembah und sprach: „Majestät, ich will hingehen und den Kriss holen." Da sprach der Fürst: „Ja, Bantara zur Rechten, gehe du und hole den Kriss. Ich habe ihn in meinem Schlafzimmer auf ein Paradekissen gelegt." Tun Kasturi sprach: „Majestät, ich bin bereit." Er stieg die Treppe hinunter, um hinzugehen, nachdem er sich in Bereitschaft gesetzt, und seinen zweiten Kriss zu sich gesteckt hatte. Er begab sich allein nach der Astana des Königs. Als er beim Tore des Pagars der Astana angelangt war, gieng er hinein und schritt vor bis auf den Vorplatz. Wie er aber ins Innere der Astana eindringen wollte, fand er ein Hindernis: der Djebat sass da, schmausend und zechend, mit den Weibern, vor der Türe der Astana. Da blieb Tun Kasturi auf dem Vorplatz stehen und schaute voll Verwunderung zu, wie Hang Djebat schmauste und zechte. Endlich erblickte auch Hang Djebat den Tun Kasturi und rief ihm zu: „Beliebt dir, Bruder, ein Priemchen Sirih?" Hang Kasturi: „Ich mag nicht, ich bin von Seiner Majestät beauftragt, einen Kriss aus dem Schlafzimmer zu holen." Hang Djebat: „Nimm doch, Bruder, vorher ein Priemchen." Hang (75) Kasturi: „Ich traue dir nicht, du hast deinem Herrn die Treue gebrochen, da wirst du noch viel weniger mich, deinen Freund, scheuen." Da nahm Hang Djebat ein Priemchen Sirih aus seiner Dose, gieng damit auf Tun Kasturi zu mit den Worten: „Nimm doch zuerst ein Priemchen!" Tun Kasturi fasste mit der einen Hand das Heft des Krisses und mit der andern langte er nach dem Sirih. Da rief Hang Djebat: „Seht doch den Knaben da, er traut den Leuten nicht, ich biete ihm Sirih und er zieht den Kriss!" Tun Kasturi erwiderte: „Du bist eben ein wortbrüchiger Mensch. Wenn du sogar an deinem Herrn, der dir so gnädig war, zum Verräter geworden bist, wirst du noch viel weniger mich, deinen Freund, scheuen." Hang Djebat: „Was kann ich dafür, das ist mein Schicksal, es ist so geschrieben von Ewigkeit her, so ist's mir

---

[1]) Siehe S. 20, Anmerkung 1.
[2]) Hinzuzudenken: Wenn ich diesen Kriss bei mir habe.
[3]) D. h.: sein seliger Vater.

bestimmt. Nun aber, wohin willst du, Bruder?" Hang Kasturi: „Ich bin von Seiner Majestät beauftragt, einen Kriss aus dem Schlafzimmer zu holen." Hang Djebat: „Warte, mein Bruder, hier, ich will diesen Kriss holen." Hang Djebat begab sich ins Schlafzimmer des Königs, nahm den Kriss und brachte ihn dem Tun Kasturi mit den Worten: „Ich merke es wohl, man will diesen Kriss, um mich damit zu töten. Aber wisset, niemals wird dieser Kriss den Djebat töten, denn mein Tod liegt in den Händen des Laksamana, auf den Kriss des Laksamana ist mein Tod geschrieben. Nun ist aber der Laksamana tot, und obendrein ist sein Kriss in meine Hände gekommen. Wer kann mich also töten, welcher Hulubalang kann mich töten, oder mir auch nur ins Auge sehen? Du musst nicht meinen, dass ich die Pegawai's (76) von Malaka nicht kenne. Von den Würdenträgern von Malaka werde ich nur den Bendahara, den Tumenggung, Tun Utama und Tun Bidja Sura, einzig diese und dazu meine drei Brüder verschonen. Die, welche sonst kommen, treibe ich zu Paaren, wie eine Herde Schafe. Ja, ja, du wirst sehen, Bruder, was die Hand des Verräters Djebat kann. Wenn ich einen schlechten Namen haben muss, so will ich ihn nicht nur halb." Als Tun Kasturi diese Worte des Hang Djebat gehört hatte, lachte er und sprach: „Ja, wo sollte man den Laksamana suchen, er ist tot und wird sicherlich nicht wieder auferstehen"[1]). Hang Djebat versetzte: „Eben deswegen mach ich's so, weil der Laksamana nicht mehr auf der Welt ist. Doch, nun rasch, mein Bruder, bring den Kriss dem König!" Da nahm Tun Kasturi von Hang Djebat Abschied und begab sich fort, um den Kriss zu überbringen. Als der König den Tun Kasturi kommen sah, sagte er: „Nun, Bantara zur Rechten, hast du den Kriss?" Tun Kasturi antwortete: „Ja, Majestät." Damit überreichte er ihn dem Könige. Der Fürst nahm ihn in Empfang und überreichte ihn dem Laksamana, mit den Worten: „Laksamana, das ist der Kriss meines seligen Vaters, der nun auf dem Bukit Siguntang ruht." Der Laksamana nahm ihn und hob ihn über sein Haupt[2]). Er sah, dass an diesem Kriss das Heft mit grünen, die äussere Scheide mit roten Edelsteinen, die innere Scheide mit Diamanten besetzt war. Und er glänzte herrlich. Er zog den Kriss aus der Scheide und sah, dass er etwas besser war als die übrigen Krisse. Daneben aber war er klein und alt, und die Verzierungen waren undeutlich geworden. Lok's hatte er sieben. Der Fürst fragte: „Ist dieser Kriss zu gebrauchen?" Da antwortete der (77) Laksamana: „Majestät, ich kann diesen Kriss gebrauchen im Kampfe mit dem Djebat, allerdings kann dieser Kriss den Djebat nicht töten, ja, nicht einmal verwunden[3]). Immerhin sind es unter allen Krissen nur die zwei[4]), die gebraucht werden können." Nun beauftragte der Laksamana den Patih Krama Widjaja, den Parang Sari zu schleifen, den Kriss des Königs schliff er, der Laksamana, selber. Drei Tage und drei Nächte verwendeten der Laksamana und der Patih Krama Widjaja, die Krisse zu schleifen. Als sie fertig waren, fragte der

---

[1]) Diese Worte sind im Spott gesprochen.
[2]) Siehe S. 10.
[3]) Er kann also nur zum Abwehren verwendet werden.
[4]) Der eben geschilderte und der Parang Sari.

König: „An welchem Tage gedenkst du, Laksamana, mit dem Djebat zu kämpfen?" Der Laksamana antwortete: „Majestät, wie Sie es mir befehlen, nehme ich's auf mein Haupt, doch meine ich, gleich morgen täte ich am besten mit dem Djebat zu kämpfen. Es ist der erste Tag der Woche, da will ich um Mittag mich in die Astana verfügen, um mit dem Verräter Djebat zu kämpfen. Nun möchte ich noch geraten haben, man solle den Kampong des Bendahara sehr stark befestigen, und die Pegawai's sollen beordert werden, ihn zu bewachen, in Waffen, denn es ist nicht undenkbar, dass der Djebat ausbricht, um Amok zu laufen; dem Tode geweiht, wird er Todesgenossen haben wollen." Da sprach der Fürst: „Trefflich ist der Rat des Laksamana. Daher ruf mir schleunigst, werter Bendahara, die Pegawai's und Tun's zusammen, Wache zu halten, und befiehl dem Volk, den Kampong des Bendahara zu befestigen, mit siebenfacher Befestigung." Als diese Ordre gegeben war, kamen die Pegawai's und die Tun's, um Wache zu halten, in Waffen.

Am folgenden Morgen bedachte der Fürst den Laksamana mit neuen Zeichen seiner Huld: er durfte aus der gleichen Schüssel essen, deren sich der Fürst bediente, ferner (78) schenkte der König ihm ein Prachtgewand. Der König umhalste ihn, küsste ihm das Haupt und sprach: „Mein teuerster Laksamana, wische mir baldigst den Schmutz vom Antlitz!" Der Laksamana erwiderte: „Ich bin bereit, Majestät." Damit warf er sich dem Könige zu Füssen. Dann kleidete er sich an, in Gegenwart des Königs. Zuerst zog er Beinkleider aus grünem Samt an, bis zu den Knieen reichend, dann legte er ein grünes Kain an, verbrämt mit Goldwirkereien, besetzt mit dunkelbraunen Tuchstreifen. Darauf schlang er um seine Hüften ein kostbares Tuch, siebenmal herum, es war beschrieben mit Koranversen. Ferner zog er ein Badju an, hellrot gefärbt, beschrieben mit einem langen Gebet, mit Buchstaben aus Gold. Endlich steckte er den Parang Sari zu sich und schlang das Kopftuch, das Geschenk des Scheich's Mansur, um sein Haupt, den Beschluss machte er damit, dass er den Kriss des Königs vornen in den Gürtel steckte. Als sich der Laksamana so angekleidet hatte, kniete er vor dem König nieder und machte ein Sembah. Darauf gieng er, den Weg nach der Astana einschlagend, von vierzig Männern begleitet. Alles Volk der Stadt Malaka lief herbei, um zuzusehen, wie der Laksamana, beauftragt vom König, den Djebat töten würde. Es riefen die Leute: „Kommt, wir wollen hingehen und uns das Schauspiel ansehen, wie der Laksamana mit dem Djebat kämpft. Nun bekommt der Djebat endlich einen Gegner, der ihm gewachsen ist an Mut und an Können, denn der Laksamana kann viel." Da sagte wieder ein anderer: „Ja, auch der Djebat kann viel, drum hat ihn auch niemand meistern können." Darauf meinte wieder ein anderer: „Was zanken wir uns da? Wir wollen jetzt lieber zusehen, welcher sterben muss und welcher leben bleibt; es muss sich entscheiden, denn der Laksamana ist ein grosser Hulubalang, dazu hat er Seiner Majestät das Versprechen gegeben, (79) daher ist es undenkbar, dass er wieder davon gehe, ohne dass es zu einem Entscheide gekommen." — Unterdessen war der Laksamana im Balai Gendang angelangt und machte dort halt. Er hörte die rauschende Musik der Rebana's, der Djebat schmauste und zechte mit allen, die in der Astana waren. Nun rückte der Mittag heran, da bemerkte der Laksamana, dass die Musik der Rebana's schwächer wurde und zuletzt ganz aufhörte. Nur die Klänge der kleinen Rebana's wurden noch gehört, welche den Djebat in den Schlaf wiegten. Da wusste der Laksamana, dass der Djebat nun schlafe. Der Laksamana studierte die Kutika und sonstige Vorzeichen. Als der für sein Vorhaben günstige Zeitpunkt gekommen war, verliess der Laksamana das Balai Gendang, schritt durch den Pagar und stand auf dem Vorplatz der Astana still. Seine vierzig Leute stellten sich hinter ihn. Die Menge blieb in grösserer Entfernung, um dem kommenden Schauspiel zuzusehen: die einen stiegen auf Bäume, andere auf Dachfirste, wer mehr Mut hatte, stellte sich hinter den Laksamana. Es erschraken die Frauen in der Astana, als sie das Klirren der Speere und Schilde und das Geschrei der Menge hörten, welche die Astana umzingelte, und auch Hang Djebat wachte auf, aus seinem Schlafe, und erhob sich. Da rief der Laksamana mit lauter Stimme: „Holla, Verräter Djebat, der du deinem Herrn die Treue gebrochen hast! Wenn du Mut hast, so komm herunter und kämpfe mit mir, im Einzelkampf, denn auch ich habe lange nicht mehr gekämpft" [1]). Hang Djebat hörte die Stimme des Laksamana, aber nicht deutlich, denn er hörte dazwischen das Klirren der Lanzen und Schilde und das lautschallende Geschrei der Männer. (80) Da dachte er: „Der König, scheint es, ist gekommen." Hang Djebat zog seinen Kriss und schliff ihn. Da rief der Laksamana ein zweites Mal: „He, Verräter Djebat, Komm heraus aus der Astana deines Herrn. Wenn du Mut hast, so kämpfe mit mir im Einzelkampf." Die Stimme des Laksamana traf das Ohr des Hang Djebat und er erkannte sie als die des Laksamana. Er begab sich nach einer Laube, machte auf und sah, dass wirklich der Laksamana auf dem Vorplatz stand. Da fieng dem Djebat das Herz mächtig zu pochen an, und er dachte: „Aber Hang Tuwah ist ja vom Bendahara getötet worden, da kann doch Hang Tuwah nicht mehr auf dieser Welt sein, wer ist dann aber dieser, der gekommen ist, er ist ganz wie der Laksamana, an Auftreten und Gestalt. Ich glaube, meine Augen sind noch trüb vom Schlafen, daher wohl sehe ich nicht richtig." Jetzt verliess Hang Djebat die Laube wieder, gieng baden, in der Badewanne des Königs, und wusch sich die Augen aus. Als er damit fertig war, zog er königliche Kleider an und machte dann die Türe der Astana auf. Da rief der Laksamana mit lauter Stimme: „He, Djebat, komm sofort herunter, willst du nicht, so komme ich sofort hinauf, aber es wird für uns schwer sein, zu kämpfen" [2]). Als Hang Djebat die Stimme des Laksamana hörte, machte er die Türe noch etwas mehr auf. Er sah den Laksamana und richtete einen forschenden Blick auf ihn. Als es ihm klar wurde und er den Laksamana erkannte, erschrak er gewaltig. Wie der Laksamana bemerkte, dass Hang Djebat die Türe der Astana aufmachte, da (81) stülpte er die Aermel seines Badju zurück und rief: „Weh dir, Verräter Djebat, du musst sterben durch meine Hand!" Da machte Hang Djebat rasch die Türe der Astana zu, sagend: „Wer bist du, der du gekommen bist, mit mir zu kämpfen? Wie heissest du?" Der

---

[1]) Dazu zu denken: „und möchte daher gerne wieder einmal kämpfen."
[2]) Nämlich: In der Astana drinnen.

Laksamana: „Ha, Verräter Djebat, fürchtest du dich vor mir, dass du so fragst? Ich bin's, der Laksamana, ich bin wieder aus dem Binnenlande Malaka's zurückgekehrt, wo ich Studien gemacht habe." Hang Djebat: „Laksamana, wisse das, nun und nimmer fürchte ich mich vor dir, aber du warst doch, glaubte ich, vom Bendahara getötet worden, das ist's, was mich so in Verwunderung setzt." Der Laksamana: „Ich bin's, Hang Tuwah, beordert von seiner Majestät, dich zu töten. Ich bin nicht tot, ich wurde vom Bendahara gerettet, ins Binnenland von Malaka." Als Hang Djebat diese Worte des Laksamana gehört hatte, verwunderte er sich und sprach: „O, Herr Laksamana, gerade deinetwegen, Herr, habe ich das getan, ich dachte eben, du wärest nicht mehr auf der Welt. Hätte ich gewusst, dass du noch am Leben seiest, bei Allah und seinem Gesandten, nie hätte ich mich erkühnt, das zu tun." Der Laksamana: „Hör, Djebat, hast du Reue?" Hang Djebat: „Nun und nimmer reut es mich und nun und nimmer fürchte ich mich vor dem Tode. Wohl weiss ich, dass mein Tod in deinen Händen liegt, es gibt kein Entrinnen mehr. Aber, Herr, du wirst erfahren, wie er zu kämpfen weiss, der Verräter Djebat. Vierzig Tage lang werden die Leute zu tun haben, um die Leichname aus der Stadt Malaka fortzuschaffen, vierzig Tage lang werden sie den Gestank der verwesenden Leiber auszustehen haben. Wenn ich einen schlechten (82) Namen haben muss, will ich ihn nicht nur halb. So werde ich's machen, du kannst dich drauf verlassen." Der Laksamana: „Djebat, Grosses Unrecht ist, was du da vorhast. Verräterisch handelst du an deinem Herren, aber wie viel grösser wird deine Schuld erst vor Allah dem Allerhöchsten sein, du wirst einst unter ihrer Last zusammensinken, im Jenseits. Also du wolltest Menschen ermorden, die dir nichts zu leide getan? Ist das wirklich deine Absicht?" Hang Djebat: „Was kann ich dafür? Das alles geschieht durch Allah's Fügung, nicht aus eigenem Antrieb tue ich es. Mein Name muss in allen Ländern genannt werden. Aber ich will nicht hinunter kommen, aus der Astana, um mit dir zu kämpfen, denn du bist ein grosser Hulubalang und weit berühmt, mit dir muss ich rechnen, das ist anders, als bei den Frühern, die mit mir kämpfen wollten. Dann bist du ja auch ein alter Freund von mir, es wäre nicht schön, wenn du mit mir kämpfen wolltest. Komm du lieber zu mir herauf!" Der Laksamana: „Gut, ich will kommen, mach die Türe auf!" Hang Djebat: „Warte noch einen Augenblick, ich will noch meinen Kriss in wohlriechenden Essenzen baden¹)." Hang Djebat schloss alle vierzig Türen der Astana. Darauf zog er den Kriss und tötete alle Frauen in der Astana, siebenhundert Personen, keine wurde verschont. Das Blut floss wie dichter Regen aus der Astana herunter. Der Laksamana schrie: „O, Djebat, was tust du da! Welch schreckliches Verbrechen!" Hang Djebat erwiderte: „Das heisst die Sache recht machen, wenn ich einen schlechten Namen haben muss, will ich ihn nicht nur halb. Es sagt ein malaiisches Sprichwort: Zwiebeln ersticken unter den eigenen Blättern"²). Der Laksamana: „Djebat, mach' mir sofort die Türe

---

¹) Damit spielt er auf das Blutbad an, das er anrichten will.
²) Dieses Sprichwort sagt man, wenn einer durch seine eigene Familie oder seine eigenen Angehörigen unglücklich wird. Es bezieht sich hier auf die ermordeten Frauen.

auf!" (83) Hang Djebat: „Gedulde dich noch ein Weilchen, Herr, ich will noch vorher Sirih geniessen, ein Priemchen." Da ass Hang Djebat allerlei köstliche Sachen aus dem Tafelgeschirr, dessen sich sonst der König zu bedienen pflegte, darauf genoss er Sirih aus der Dose des Königs. Jetzt trat er vor die Türe der Astana, indem er den einen Flügel aufmachte. Er rief: „Wenn's dir beliebt, Herr, so komme herauf, das Mal ist bereit." Der Laksamana erwiderte: „Ich komme so nicht hinauf, du führst eine List im Schilde, mach beide Flügel auf, dann komme ich." Als Hang Djebat dieses Wort des Laksamana gehört hatte, machte er auch den zweiten Flügel auf, sagend: „Wenn's dir beliebt, Herr, so komm, die Türe ist jetzt ganz offen." Der Laksamana erwiderte: „Gut." Der Laksamana stülpte die Aermel seines Badju zurück, stiess laute Schreie aus, sagend: „Weh dir, Djebat, du musst sterben durch meine Hand!" Mit diesen Worten sprang er auf die Stufen der Treppe, aber Hang Djebat zog den Kriss und stach nach der Brust des Laksamana, und dieser musste wieder zurückspringen, auf den Boden hinunter. Er rief: „Pfui, das ist denn doch gegen allen Männerbrauch, so hinterlistig einen anzugreifen!" Da lachte Hang Djebat und sagte: „Ach, Herr, es riss mich so hin, als ich dich, Herr, festen Fuss fassen sah, auf der Treppe, nicht konnte ich da meinen Drang länger bezwingen." Der Laksamana: „So handelt kein ächter Held. Willst du, dass wir kämpfen, so gestatte, dass ich zuvor die Treppe hinauf komme." Hang Djebat: „Wie's dir gefällt, Herr, ich gebe dir freien Weg." Der Laksamana: „Gut!" Nun sprang der Laksamana die Stufen hinauf, je drei in einem Sprunge nehmend, dann (84) hielt er inne, auf dem Tapakan[1]) der Treppe, um von da mit dem einen Fuss in die Türe zu springen, aber Hang Djebat stürzte herbei, und stach nach dem Laksamana. Dieser parierte die Stiche des Hang Djebat, aber Hang Djebat griff immer und immer wieder an, so dass der Laksamana wieder hinunterspringen musste, auf den Boden. Da rief er: „Du Djebat, du bist ein Mensch, der kein Wort hat, jetzt ist's offenbar, du bist ein gemeiner Kerl. Wo bleibt jetzt dein Prahlen, dich reue nichts und du wollest mutig sterben?" Hang Djebat: „Ich bitte sehr um Entschuldigung, Herr, mein Drang war nicht zu bezwingen, als ich dich, Herr, festen Fuss fassen sah, auf den Stufen." Der Laksamana: „Wenn's so ist, so komm doch herunter, dann wollen wir auf dem Boden kämpfen." Hang Djebat: „Wenn ich mit dir drunten kämpfen wollte, so wäre ich ohne weiteres verloren, denn ich bin nur einer, ihr aber seid viele." Der Laksamana: „Ja, meinst du denn, ich wolle von diesen Leuten da Mut und Kraft borgen? Das wäre kein rechter Mann, der das täte. Wenn du also herunter kommen willst, so werde ich alles weggehen heissen." Hang Djebat: „Nein, ich will nicht herunter kommen, wenn du mit mir kämpfen willst, so komm du herauf, in die Astana." Der Laksamana: „Gut, gieb mir freien Pass!" Hang Djebat sprach, etwas zurücktretend: „Wenn's dir beliebt, Herr, so komm herauf!" Der Laksamana sprang auf die Stufen hinauf und rief: „Tritt noch etwas zurück, gieb mir freien Pass!" Da gieng Hang Djebat von der Türe weg, doch nur so weit, dass er noch hinzuspringen und stechen konnte. So

---

[1]) Tapakan bedeutet „Tritt". Es ist hier wohl der oberste Tritt der Treppe gemeint.

erwartete er den Laksamana. Der Laksamana stieg hinauf (85) bis auf die oberste Stufe, dann hielt er inne, auf dieser Stufe¹). Da stürzte Hang Djebat herbei und stach nach der Brust des Laksamana, traf aber nicht. Nun sprang der Laksamana in die Astana hinein, fünf Klafter weit sprang er hinein, von der Türe der Astana an gerechnet. Wie Hang Djebat bemerkte, dass sein Stich nicht getroffen, wandte er sich hin und führte Stich auf Stich gegen den Laksamana, aber dieser, nach links und nach rechts springend, wich den Stichen des Hang Djebat aus. Das gieng so schnell, dass es schien, er berühre den Boden gar nicht, denn das Stechen des Hang Djebat war das Stechen eines gewandten Kämpfers, so dicht kam es, wie heranschwirrende Heuschrecken. Der Laksamana also konnte jedesmal, auf gleiche Weise springend, ausweichen. Jetzt bemerkte der Laksamana, dass der Djebat augenscheinlich müde wurde, da stand er still und stach nach der Brust des Hang Djebat, aber dieser parierte den Stich.

Als die Menge sah, wie der Laksamana in die Astana eingedrungen war, um mit Hang Djebat zu kämpfen, so trat sie unter die Astana, mit lautem Geschrei, und stach²) nach den Füssen des Hang Djebat. Da sprang Hang Djebat auf die Lagerstätte des Königs hinauf und der Laksamana trat schleunigst auf den Dachfirst und rief: „Hört ihr, meine Leute, was tut ihr da? Wenn ihr die Füsse des Djebat trefft, so wäre nichts dagegen einzuwenden, trefft ihr aber meine Füsse, so kann ich den Auftrag meines Herrn nicht mehr ausführen, darum entfernt euch, ihr alle!"- Als die Leute des Laksamana seine Worte gehört hatten, kamen sie wieder unter der Astana hervor, (86) und der Laksamana kam auch wieder von dem Dachfirst der Astana herab, und Hang Djebat stieg von der Schlafstätte herab. Er sprach: „Laksamana, was wollen wir nun beginnen?"— Der Laksamana antwortete: „Hör, Djebat, wir wollen eine Uebereinkunft treffen. Wir wollen unsere Krisse in die Scheide stecken, das sei das erste, dann wollen wir zusammen Talam's³) herbeitragen und eine Ruwang der Astana damit bedecken. Auf diesen Talam's wollen wir miteinander kämpfen, dass unsere Füsse sicher seien vor dem Stechen der Menge. Als Hang Djebat den Vorschlag des Laksamana vernommen hatte, steckte er den Kriss in die Scheide. Darauf begaben sie sich zusammen in die Schatzkammer des Königs, wo sie Talam's fanden, zu hunderten und hunderten. Sie wählten vier Talam's aus, die zusammen hinreichend gross waren, um eine Ruwang der Astana zu bedecken. Dann trugen sie dieselben heraus und legten sie auf die Ruwang. Sie nahmen ferner Teppiche, die mit Gold durchwirkt waren und breiteten sie über die Talam's aus. Der Laksamana und Hang Djebat setzten sich nun auf den Talam's nieder, um von ihrer Ermüdung auszuruhen. Aber der Laksamana war ein vorsichtiger Mann, obgleich er Hang Djebat gegenübersass, schielte sein Auge doch unverwandt nach dem Heft des Krisses des Hang Djebat. Auch Hang Djebat

---

¹) Da diese Schilderung parallel geht mit der auf S. 43, so erhellt wohl daraus, dass mit „Tapakan" die oberste Stufe gemeint ist.
²) Durch die Ritzen des Fussbodens.
³) Grosse Aufsatzplatten.

gab scharf acht, sein Blick war wie der eines Sperbers, der sich auf seine Beute stürzen will, seine Hand kam nicht weg vom Heft seines Krisses, er hatte ihn, zum Angriff bereit, halb herausgezogen. Der Laksamana tat dergleichen, als bemerkte er es nicht. Endlich sprach der Laksamana: „Wohlan, Djebat, jetzt wollen wir wieder kämpfen." Hang Djebat sprang auf und stach nach dem Laksamana. Da hatte der Laksamana keine Zeit mehr aufzustehen, daher (87) wälzte er sich auf den Talam's herum. Hang Djebat stach in einem fort nach ihm, indessen gelang es dem Laksamana, seinen Kriss zu ziehen, während er sich hin und her wälzte wie ein Rad, um den Stichen des Hang Djebat zu entgehen. Und trotzdem Hang Djebat stach und stach, ohne Unterlass, blieb der Laksamana unversehrt. Da geriet Hang Djebat in Wut und stach wie wahnsinnig drauf los. Aber es gieng fehl, er traf nicht den Laksamana, er stach in ein Talam, und sein Kriss blieb in dem Talam stecken. So sehr er auch rüttelte, er konnte ihn nicht mehr herausbekommen. Da sprang der Laksamana auf, und liess seinen Kriss vor den Augen des Djebat spielen, indem er ihn hin und her schwenkte, mit den Worten: „Weh dir, Djebat, jetzt musst du sterben, durch meine Hand!" Da geriet Hang Djebat in eine Wut, vergleichbar flammendem Feuer, er schlug mit den Füssen an das Talam und rüttelte zugleich am Kriss, und es gelang ihm, denselben herauszubekommen. Hang Djebat stach nun wieder nach dem Laksamana. Dieser sprang nach rechts und nach links und wich so den Stichen des Hang Djebat aus. Hang Djebat rief, während er nach dem Laksamana stach: „Schäm' dich, Laksamana, weich' mir doch nicht immer aus, halt' stand!" Da antwortete der Laksamana: „Nun, nun, Djebat, ich fliehe ja nicht, ich kehre dir nicht den Rücken. Wie's dir gefällt, stich nur zu!" Da stach Hang Djebat in einem fort, ohne zu treffen, es war, als ob er nach einem Schatten stäche. Da wurde er endlich müde und musste innehalten, stehend auf den Talam's. Als der Laksamana sah, dass Hang Djebat augenscheinlich müde war, sprang er hinzu und stach nach der Brust des Hang Djebat. Dieser machte einen Sprung, und wich den Stichen des Hang Tuwah aus. Die Stiche (88) des Laksamana kamen gar schnell nacheinander, daher warf sich Hang Djebat auf den Boden und wälzte sich hin und her, auf den Talam's, wie ein Rad. Der Laksamana stach in einem fort nach ihm, ohne Erfolg. Es war vor den Augen des Laksamana, als ob der Leib des Djebat ganz in Glut stände zufolge des Blitzens seines Krisses. Da wurde der Laksamana auch seinerseits müde, er hielt inne, stehend auf den Talam's. Da sprang Hang Djebat auf, stand da und sagte: „Hör, Laksamana, wie willst du's eigentlich ankehren, mich zu töten?" Da erwiderte der Laksamana: „Djebat, nicht in meiner Macht liegt es, dich zu töten, aber wisse, unser Herr, der Allmächtige, kann dich dem Tode bestimmen. Wenn Allah, der Allerhöchste, es will, so fällst du durch meine Hand." Hang Djebat: „Es ist wirklich dein voller Ernst, wie mir scheint, mich töten zu wollen." Der Laksamana: „Wieso sollte es nicht mein voller Ernst sein? Und wenn auch du nicht durch mich, wenn ich durch dich den Tod finde, so habe ich doch getan, was mir mein Herr aufgetragen." Da schrie Hang Djebat: „Wehe, der Djebat und der Tuwah, diese Hulubalang's des Königs von Malaka, müssen sterben, und dieser Tod hat keinen Nutzen. Wenn der Djebat im Verein mit dem Tuwah vom Könige von Malaka den Auftrag erhielte, eine fremde Stadt zu erobern, wir zwei würden dieselbe erobern¹).“ Da erwiderte der Laksamana: „Du hast allerdings Recht, auch mir ist's so in meinem Herzen. Ach, wäre deine Schuld nicht so gross! Handelte es sich um etwas anderes, als um solche Schuld, ich würde dich, was es kosten möchte, erretten, vom Tode.“ Da weinte Hang Djebat ob den Worten des Laksamana, und auch der Laksamana weinte, das Herz voll Mitleid gegen Hang Djebat. Hang Djebat ergriff wieder das Wort: „Ich habe (89) gesehen, wie der König dich dem Tode überantwortete, ohne irgendwelche Schuld von deiner Seite, da erfüllte sich mein Herz mit Grimm gegen den König. Ich dachte: „„Wenn du, ein Mann von solchen Verdiensten und Trefflichkeiten, vom Könige ermordet wirst, ohne dass er nur die Schuldfrage prüft, wie viel mehr kann mir so was begegnen, da ich nur ein Spielzeug bin²); daher will ich zuvorkommen und das tun.““ Und wenn ich einmal einen schlechten Namen haben muss, so will ich ihn nicht nur halb. — Ja, es bewahrheitet sich das malaiische Sprichwort: „Zwiebeln ersticken unter ihren eigenen Blättern“³). — Voll und ganz also komme mir der Name Verräter und schlechter Kerl zu.“ Da erwiderte ihm der Laksamana: „Du magst Recht haben, aber wir sind nun einmal Diener des Königs und müssen daher alles wohl überlegen, denn, wie die Alten sagen, besser ist's zu sterben mit einem guten Namen als zu leben mit einem schlechten, dass man einst des Paradieses teilhaftig werde!“ Da erwiderte Hang Djebat: „Du hast Recht, Herr, aber was kann ich dafür, es ist eben so geschrieben von Anfang an, dass ich sterbe mit einem schlechten Namen. Aber der Djebat wird nicht Veranlassung sein, dass die Gesichtszüge seines Freundes entstellt werden⁴), bis zum Tode, dann ist alles aus, — Ich, der Djebat, habe keine Kinder, aber es ist ein Weib, eine Dienerin des Bendahara, sie heisst Dang Beharu, dieses Weib hat sich mit mir vergangen, es sind sieben Monate, seit sie schwanger ist. Wenn sie einen Sohn zur Welt bringt, nimm ihn zu dir, Herr, und mach ihn zum Pegawai deines Sohnes Tun Kadim. Wenn sie aber eine Tochter zur Welt bringt, so mag die Mutter verfügen. Das ist mein letzter Auftrag an dich, Herr.“ Der Laksamana antwortete: „Gerne nehme ich die Sorge um das Kind meines Bruders auf mich.“ Als Hang Djebat seinen letzten Wunsch geäussert, da (90) dachte er bei sich: „Wenn ich mit dem Laksamana in der Astana kämpfe, und wenn ich durch ihn den Tod finde, so begleitet mich niemand in den Tod, und mein Name wird nicht berühmt. Da dem so ist, so ist's besser, ich verlasse die Astana und laufe Amok, dass mich viele in den Tod begleiten.“ — In jenem Augenblicke hatte aus besonderer Gnade Allah der Allerhöchste dem Hang Djebat den Sinn geschlossen⁵), dass er die Astana nicht anzündete. Hätte er sie angezündet, so wäre die ganze Stadt ein Raub der Flammen geworden,

---

¹) Dazu zu denken: und das würde mehr Sinn haben, als uns gegenseitig abzuschlachten.
²) Nämlich: Im Vergleich zu dir.
³) Anspielung darauf, dass Hang Tuwah von seinem eigenen Herrn ins Verderben gestürzt wurde, oder dass jetzt einer durch den andern fallen muss.
⁴) Er ahnt, dass er dem Hang Tuwah nichts wird antun können.
⁵) D. h.: Allah hatte gemacht, dass es ihm nicht einfiel, die Astana anzuzünden.

und der Djebat hätte vom Laksamana nicht getötet werden können. Das war ein grosses Glück für den Herrscher von Malaka. — Wie Hang Djebat so nachgedacht hatte, schielte er nach den Türen der Astana, welche, alle vierzig, geschlossen und verriegelt waren. Der Laksamana erriet Hang Djebat's Absicht, zu entweichen und Amok zu laufen, und er dachte: „Diesmal ist's um ihn geschehen, wenn er die Türe aufmacht, steche ich nach ihm." Jetzt stiess Hang Djebat einen Schrei aus, und rief: „Holla, Laksamana, pass' auf, wehr' dich, ich steche!" Mit diesen Worten drang er auf den Laksamana ein und stach nach seiner Brust. Der Laksamana wurde etwas zurückgedrängt, aber getroffen wurde er nicht. Wiederum stach Hang Djebat. Der Laksamana sprang nach links und nach rechts, den Stichen des Hang Djebat auszuweichen, aber so, dass er sich von der Türe nicht entfernte. Wie Hang Djebat stach, das war kein Kinderspiel, denn er wollte eben den Laksamana von der Türe der Astana wegdrängen, um sie aufmachen zu können. Also, der Laksamana entfernte sich beim Springen nicht von der Türe. Da trat Hang Djebat etwas zurück, und der Laksamana seinerseits stach nun nach Hang Djebat, in einem fort. Hang Djebat machte ebenso in einem fort Sprungbewegungen, dass es schien, (91) als berühre er den Boden gar nicht, denn dicht aufeinander kamen die Stiche des Laksamana. Da glitt Hang Djebat mit dem Fusse auf den Talam's aus, und fiel in die Knie. Der Laksamana stürzte sich auf ihn, Hang Djebat konnte nicht mehr aufstehen, daher warf er sich nieder und wälzte sich hin und her, auf den Talam's. Der Laksamana führte nach ihm Stich auf Stich, ohne zu treffen. Da trat er ein wenig zurück, und lehnte sich an einen Pfeiler der Astana, um auszuruhen von seiner Ermüdung. Jetzt sprang Hang Djebat auf und stand da. Sein Auge war unverwandt auf den Laksamana gerichtet, zugleich aber schielte er fortwährend nach der Türe hin. Der Laksamana gab ebenfalls scharf acht. Er schielte fortwährend nach Hang Djebat, zugleich aber rief er seinen Leuten zu: „Wenn der Djebat verwundet ist, so macht sofort die Türe der Astana auf!" Die Leute antworteten: „Wir werden's tun." Als der Djebat bemerkte, wie der Laksamana sich umgekehrt hatte und mit seinen Leuten redete, stürzte er rasch herzu und stach nach der Brust des Laksamana, aber dieser bog ein wenig aus, und entgieng so dem Stich. Hang Djebat fehlte und stach in das Holzwerk der Wand, der Kriss blieb in den Planken stecken. Da rüttelte Hang Djebat daran, konnte ihn aber nicht herausbekommen. Der Laksamana lachte und liess den Kriss vor den Augen des Hang Djebat spielen, ihn hin- und herschwenkend, mit den Worten: „Weh dir, Djebat, du musst sterben durch meine Hand, diesmal musst du's." Noch ein paarmal rüttelte Hang Djebat am Kriss, aber er brachte ihn nicht heraus, aus den Planken des Holzwerks. Nun wollte der Laksamana den Stich gegen ihn führen, da fühlte er, dass seine Hand steif geworden war, und er konnte (92) nicht stechen. Der Djebat geriet in Wut, er schlug mit den Füssen an die Planken des Holzwerkes und rüttelte[1]: da brachte er den Kriss heraus. Er stürzte sich auf den Laksamana, dieser stand fest da und erwartete den Angriff. Hang Djebat stach

---

[1] Nämlich: mit den Händen.

nach der Brust des Laksamana, und wie er stach, das war kein Kinderspiel. Der Laksamana sprang zurück, um den Stichen des Djebat auszuweichen, es war, als ob er den Boden gar nicht berühre. Da wurde Hang Djebat müde, und stand still, auf den Talam's, erwartend, der Laksamana werde ihn nun angreifen. Aber der Laksamana blieb auch stehen, auf einem Punkte der Talam's, und betrachtete die zukunftdeutenden Zeichen in Bezug auf den Djebat. Und er erkannte, dass der Djebat an diesem Tage nicht sterben würde, dass er nur verwundet würde an diesem Tage. Als der Laksamana das erkannt hatte, sprach er: „Was meinst du, Djebat, werde ich durch deine Hand fallen?" Hang Djebat antwortete: „Mir ahnt, dass ich dich nicht töten kann, und du mich nicht, an diesem Tage. Ich werde allerdings durch deine Hand sterben, aber die Stadt Malaka wird durch mich ihren Untergang finden. Wie am jüngsten Tage, so wird es in der Stadt Malaka sein. Drum eben will ich fort, um Amok zu laufen, aber ich kann nicht, denn du willst nicht von mir weg. Ist die Türe aufzubringen, im gleichen Augenblick eile ich davon, um Amok zu laufen." Als der Laksamana diese Worte des Hang Djebat gehört hatte, da lachte er. Die Leute[1]) kletterten jetzt insgesamt auf die Veranda hinauf und schauten durch die Vergitterungen hinein. Der Laksamana steckte den Kriss in die Scheide und sass nieder, auf ein Talam. Hang Djebat steckte seinen Kriss ebenfalls in die (93) Scheide und setzte sich auf ein Talam, gegenüber dem Laksamana. Da hob der Laksamana an: „Ach, Djebat, was kann ich dafür, ich bin vom Könige beordert, dich zu töten. Ja, wäre deine Schuld eine andere, als sie ist, es hätte nichts zu bedeuten, es würde mir schon möglich sein, für dich Verzeihung zu erwirken. Wisse, wie's mir im Innern ist: Du und Hang Kasturi und Hang Lakir und Hang Lakiwa, ihr vier, waret ihr mir nicht so freund, wie nur leibliche Brüder es sein können?" Als der Djebat diese Worte des Laksamana gehört hatte, weinte er und sprach: „Wir fünf waren eben befreundet von frühester Jugend auf, und daher waren wir freund unter einander, ganz, als wären wir leibliche Brüder." Da bemerkte der Laksamana, dass Hang Djebat, während er sprach, nicht mehr so scharf aufpasste, sein Auge dagegen wandte sich nicht mehr ab, fortwährend schielte er nach dem Heft des Krisses des Hang Djebat. Und während er selber redete, war er, mit Füssen und Händen, bereit, den Augenblick zu benützen, da Hang Djebat zu wenig acht gäbe. Durch Fügung Allah's des Allerhöchsten geschah es, dass Hang Djebat seinen Blick wegwandte, um nach der Türe der Astana zu sehen, er sah da nämlich, wie die Leute durch die Vergitterungen hereinguckten. Da sprang der Laksamana auf, und riss dem Hang Djebat den Kriss von der Seite: Und wirklich, der Kriss kam in die Hände des Laksamana. Hang Djebat erschrak, als er sah, dass der Laksamana ihm den Kriss entrissen hatte, er sprang auf, stürzte auf den Laksamana zu und rief: „Bruder Tuwah, bei Allah, jetzt magst du mich töten, denn ich habe keinen Kriss mehr." Der Laksamana trat etwas zurück und sprach lachend: „Ja, Bruder, dieser Kriss war eben mein Kriss, er war mir vom Souverän von Madjapahit geschenkt, daher habe ich ihn dir wieder abgenommen." (94) Da versetzte Hang

---

[1]) Welche draussen waren.

Djebat: „Aber, Laksamana, wie steht's nun mit deinem Prahlen, du seiest ein grosser Hulubalang, tapfer und berühmt? Nun willst du mich hinmorden, mich, den Wehrlosen? Willst du mich aber nicht töten, so ohne Kriss, so bitte ich um einen andern Kriss, dass wir weiter kämpfen und ich endlich sterbe, mit der Waffe in der Hand, dass mein Name berühmt werde." Da nahm der Laksamana seinen zweiten Kriss aus der Scheide und warf ihn dem Hang Djebat hin. Wie dieser bemerkte, dass der Laksamana ihm den zweiten Kriss zuwarf, ergriff er ihn hastig. Er sah, dass es ein Parang Sari war, mit Edelsteinen besetzt bis zur Spitze, mit siebzehn Lok's, von schönster Arbeit, fest und scharf. Da sprach Hang Djebat: „Nun, Laksamana, mach dich gefasst auf die Stiche des Verräters Hang Djebat." Damit stürzte er sich auf den Laksamana und stach ihm nach der Brust. Der Laksamana fand nicht mehr Zeit, den Kriss zu ziehen, daher warf er sich auf den Boden, und wälzte sich hin und her, auf den Talam's, und zog zugleich den Kriss. Hang Djebat stach in einem fort. Er fehlte, der Stich traf nicht den Leib des Laksamana, er traf das Talam, er gieng ganz hindurch, das Talam leistete keinen Widerstand. Und Hang Djebat war müde. Dem Laksamana war es, trotz seines Herumwälzens, gelungen, die Klinge des Krisses stetsfort nach oben zu richten. Nun steckte der Kriss des Hang Djebat fest im Talam. Da sprang der Laksamana rasch auf und rief: „Weh, du musst sterben, durch meine Hand!" Er stürzte sich auf den Hang Djebat und stach nach seiner Brust. Der Stich traf, er gieng durch die Brust hindurch, der Kriss schimmerte am Rücken durch.

Als die Menge sah, dass Hang Djebat vom Kriss des Laksamana getroffen war, (95) riss man sofort die Türe der Astana auf. Wie Hang Djebat fühlte, dass er verwundet sei, griff er nach dem Gürtel des Laksamana, konnte ihn aber nicht erfassen. Darauf griff er nach dem Saume seines Kain's und diesen konnte er erfassen. Jetzt stach er nach dem Laksamana. Dieser sprang zurück, auf die Türe der Astana zu und von der Türe weg, hinunter. Hang Djebat stach in einem fort von hinten, ohne den Laksamana zu treffen, denn das Kopftuch des Laksamana wurde von seinem Haupte los und schlang sich um seinen Hals [1]). Der Laksamana kam unten aufrecht zu stehen, den Kriss gezückt. Darauf gieng er nach Hause [2]), den Kriss schwenkend.

Als Hang Djebat bemerkte, dass der Laksamana fort war, schloss er sofort die Türe der Astana. Er verlor die Besinnung infolge des Blutverlustes. Nach einiger Zeit hörte das Blut auf zu fliessen, Hang Djebat nahm rasch sein golddurchwirktes Kain und wand es um die Wundöffnung. - Wie die Menge sah, dass der Laksamana weggegangen war, riefen alle: „Kommt, wir wollen in die Astana, wir wollen sehen, wie der Laksamana den Hang Djebat getroffen hat". Alle stiegen hinauf und sahen, dass Hang Djebat noch lebte, dass aber sein Blut nach allen Seiten gespritzt war, ihm ins Gesicht und an alle Wände der Astana. Jetzt umwickelte er eben die Wunde mit dem Kain, und es gelang ihm, das Blut zu

---

[1]) Vgl. S. 35.
[2]) Siehe Vorwort.

stillen. Wie die Leute sahen, dass Hang Djebat noch lebte, erschraken sie, und insgesamt stürzten sie sich herunter von der Astana. Alles purzelte da durcheinander, die einen fielen auf den Bauch, die andern auf den Hintern, und quatschten im Kot, (96) die einen brachen den Fuss, die andern die Hand, wieder andere verletzten sich die Hüften, manche fielen quer über andere und wälzten sich umher, nicht wenige zerschlugen sich Mund, Nase oder Stirn. Darauf machten sich diese fort nach Hause. Da sagten denn die Frauen zu ihnen: „Ei, ei, was ist mit der Nase vom Väterchen des Awang[1]) geschehen, dass sie so gequetscht ist?" Die Männer antworteten nicht. Da küssten sie ihre Frauen[2]), und die Männer klagten: „Ach, es tut mir so weh, Mutter des Awang!" Andere, in grosser Zahl, fielen über einander und verletzten sich gegenseitig an ihren Waffen, die einen trugen Wunden davon, andere wurden getötet: es war ein gewaltiger Tumult, man stob dahin und dorthin. Die Mutigern blieben, rufend: „Was ist denn zu fürchten?" Sie zogen ihre Krisse und ihre Schwerter, stellten sich in Reih und Glied und redeten unter einander: „Der Djebat ist ja verwundet, getroffen vom Kriss des Laksamana, soeben, wie sollte er da aus der Astana herunter kommen können, um Amok zu laufen? Das Stechen des Laksamana ist das Stechen eines tapferen Mannes, da wird der eine Stich genügen, an diesem einen muss der Djebat sterben." Während sie so sprachen, da schrie Hang Djebat: „Ihr Männer von Malaka, seht zu, dass ihr das Stechen des Verräters Djebat aushalten könnt, ich habe meine Wunde gut verbunden!" Da riefen die Leute: „So, Verräter Djebat, komm du nur herunter, dass wir dir den Hals abschlagen!" Man umzingelte die Astana von allen Seiten, unter lautem Geschrei. Da kam Hang Djebat herunter, den Kriss gezückt, er schrie: „Weh euch, ihr Bewohner von Malaka! Seht wohl zu, ob ihr das Stechen des Verräters Djebat aushalten könnt!" Damit stürzte er sich auf die (97) Leute, die um ihn waren. Wer ihm in die Quere kam, stach er. Niemand konnte ihm widerstehen, sie wurden getötet oder verwundet. Die Menge eilte davon, jeder suchte sich zu retten. Hang Djebat stürzte sich aus der Palastanlage heraus, auf den Pasar, Mord bringend. Da fanden die Bewohner von Malaka zu tausenden und tausenden den Tod oder wurden verwundet, Männer wie Frauen. In der Stadt Malaka herrschte ein schreckliches Durcheinander. Und Hang Djebat rannte von einem Kampong zum andern, von einer Gasse zur andern, aus und ein, mordend wie ein Wahnsinniger. Die Leichen häuften sich auf, in jeder Gasse, an jeder Türe, auf jeder Brücke lagen sie in Menge. Als es Abend wurde, da gieng Hang Djebat aus der Stadt heraus, um auch ausserhalb der Stadt zu morden, wie wenn ein Geier sich dahin, dorthin auf seine Beute stürzt. Die Einwohner der Stadt flohen, mit Weib und Kind, einige suchten den König auf. Als der König sah, was mit seinem Volke geschah, bemächtigte sich seiner ein grosser Seelenschmerz: Die Stadt Malaka sah so elendiglich aus, wie eine Stadt, die der Feind erobert hat, ein jeder flüchtete sich, der eine dahin, der andere dorthin. Da

---

[1]) Die Eltern reden einander nach dem Namen des Sohnes an. Awang ist ein solcher Name. Wir würden einfach sagen: „Was ist mit Väterchens Nase geschehen?"

[2]) Um das Mitleid zu offenbaren.

rief der König: „Hört doch, ihr, die ihr da lauft, wo ist der Laksamana hingegangen, dass er den Djebat so morden lässt?" Die Leute antworteten: „Wir haben gesehen, dass der Laksamana den Djebat erstochen hat, wir haben auch gesehen, dass der Laksamana aus der Astana fortgeeilt und heimgegangen ist. Möglicherweise ist er vom Djebat verwundet worden und hat sich darum nach Hause und nicht zu Ihrer Majestät begeben." Als (98) der König diese Worte der Leute gehört hatte, erschrak er sehr, aus Besorgnis um den Laksamana, denn dieser war ein grosser Hulubalang. Da sprach der Bendahara: „Majestät, lasst uns den Bantara Tun Kasturi absenden, dass er sehe, ob wirklich der Laksamana verwundet ist." Als der König den Rat des Bendahara vernommen hatte, da wendete er seinen Blick auf den Bantara Tun Kasturi und sprach: „Kann ich dir auftragen, nach der Wohnung des Laksamana zu gehen?" Da antwortete der Bantara Tun Kasturi: „Majestät, so ist mein Sinn, ich lasse mich nicht etwa bloss nach der Wohnung des Laksamana schicken, wenn Sie mir den Befehl geben, den Djebat aus dem Wege zu räumen, so werde ich sicherlich gehen. Aber das Stechen des Laksamana ist ein Stechen, das tötet, denn der Laksamana hat noch nie zweimal gestochen [1]). Wenn ich den Hang Djebat auf meinem Wege sehe, werde ich ihn meiden, aber eben nur, weil ich dem Befehl, zum Laksamana zu gehen, nachkommen muss" [2]). Tun Kasturi machte ein Sembah und gieng. Da sagten ihm die Leute, die da Wache standen: „Gehen Sie nicht hinaus, Bantara, denn der Djebat ist soeben Leuten nachgerannt, die aus der Türe da herauskamen!" Der Bantara Tun Kasturi lachte, als er die Leute dies sagen hörte und gieng hinaus. Er sah, wie Hang Djebat die Leute vor der Stadt verfolgte. Da kam er zur Wohnung des Laksamana und trat ein. Er traf den Laksamana, sitzend in einsamer Kammer, im Innern des Hauses, für niemanden zu sprechen. Da merkte Tun Kasturi, dass der Laksamana in der Einsamkeit trauerte, weil er den Djebat getötet hatte. Ein Blick belehrte ihn, dass am ganzen Leibe (99) des Laksamana keine Wunde war. Tun Kasturi verabschiedete sich von der Gattin des Laksamana und kehrte zurück, zum König, und berichtete ihm, was er gesehen. Als der König diesen Bericht des Tun Kasturi vernommen, war er hocherfreut, dass der Laksamana nicht verwundet war. Der König und der Bendahara harrten nun, bis der Laksamana kommen würde.

Als der Laksamana drei Tage und drei Nächte in stiller Kammer geweilt hatte, wollte er sich zum Fluss begeben [3]). Da sah er, wie der Djebat die Leute verfolgte, auf dem Pasar, wie ein Habicht sich dahin, dorthin auf die Beute stürzt. Der Laksamana stand still, und sah, wie Hang Djebat die Leute hinmordete, ohne Mitleid, wer ihm in die Quere kam, wurde ermordet. Da konnte der Laksamana nicht länger zusehen, er rief mit lauter Stimme: „Halt, Djebat, jetzt ist's genug! Du mordest die Menschen zu hunderten und hunderten! Du bist auch ein Mensch, der sterben muss, du bist ein Verräter gewesen an deinem Herrn, und nun wird

---

[1]) Dazu zu denken: Daher wird es nicht nötig sein, dass auch ich noch gegen den Djebat kämpfe.
[2]) Hang Kasturi will sich zum Voraus gegen den Vorwurf der Feigheit sichern.
[3]) Etwa, um zu baden, oder aus einem andern Grunde.

noch das Blut all dieser hundert und hundert Menschen auf dein Haupt kommen, dass du eine solche Schuld auf dir haben musst." Die Stimme des Laksamana traf das Ohr des Hang Djebat, da kam er auf den Laksamana zu. Der Laksamana sprach: „Halt, Djebat, nun ist's genug, du mordest ja da die Menschen zu hunderten und hunderten, und doch bist du auch ein Mensch, der sterben muss." Als Hang Djebat diese Worte des Laksamana gehört hatte, verneigte er sich sofort bis zu den Füssen des Laksamana, mit den Worten: „O Herr, ohne Verzug töte mich! Besser, als dass andere mich töten, (100) besser ist's, du, Herr lassest deine Hand über mich kommen." Als der Laksamana diese Worte des Hang Djebat gehört hatte, führte er ihn an der Hand in seinen Kampong, und wusch ihm das Blut von seinem ganzen Leibe. Dann gieng er mit ihm in sein Haus hinein. Da sprach er zu ihm: „Bruder, willst du Reis essen, einige Bissen?" Hang Djebat antwortete: „Nein, danke. Ach, deine Güte, Herr, kann ich dir nicht vergelten, aber Allah, der Allerhöchste, wird sie dir vergelten." Da ergriff der Laksamana wieder das Wort: „Wenn du, Bruder, nicht Reis essen willst, nimm doch Sirih, etwa ein Priemchen." Die Gattin des Laksamana machte den Sirih zurecht, und der Laksamana schob ihn dem Hang Djebat in den Mund. Da sprach Hang Djebat: „O, Bruder Laksamana, mein letzter Wunsch ist, vergiss, Herr, das Kind der Dang Beharu nicht!" Der Laksamana antwortete, indem er sich die Tränen wischte: „Sei beruhigt, Bruder, dieses Kind wird mein Kind sein." Als sie so geredet, bat ihn Hang Djebat selber, er solle die Binde von seiner Wunde abnehmen. Der Laksamana merkte, dass der Djebat zu sterben wünsche, und ohne Verzug nahm er die Binde von der Wunde des Hang Djebat. Als das Tuch weggenommen war, spritzte das Blut mächtig heraus, dem Hang Djebat in's Gesicht, es spritzte ihm aus Nase, Mund, Auge und Ohr, aus allen Poren kam Blut, in gerinnenden Massen. Hang Djebat fiel dem Hang Tuwah in den Schoss und verschied.

Als Hang Djebat verschieden war, badete der Laksamana, wusch sich das Haupt (101) und parfümierte sich. Wie er fertig war, begab er sich ohne Verzug zum König. Als die Leute in der Stadt den Laksamana hingehen sahen, liefen sie alle herbei und folgten ihm. Nun kam er zum Tore des Kampong's des Bendahara. Als man da den Laksamana kommen sah, machte man das Tor auf, und der Laksamana begab sich ins Haus zum König. Wie der Fürst ihn kommen sah, rief er: „Komm Laksamana, nimm Platz!" Der Laksamana machte eine Verbeugung bis zu den Füssen des Königs, der Fürst umhalste ihn, küsste ihm das Haupt, und sprach: „Mein Teuerster, schaff mir rasch den Djebat aus dem Wege, denn die Stadt Malaka wird von ihm gänzlich zu Grunde gerichtet, dem Verräter Djebat." Der Laksamana: „Majestät, wissen Sie, den Verräter Djebat habe ich aus dem Wege geschafft, heute früh, sein Leichnam liegt noch da. Was Sie mir weiter befehlen, nehme ich auf mein Haupt." Da war der König hocherfreut, als er diese Worte des Laksamana hörte. Dann sprach er: „Das Weitere über den Leichnam des Djebat mag der Laksamana verfügen, denn er kennt den Verräter am besten"[1]). Aber der Laksamana

---

[1]) Ergänze: Und weiss daher auch am besten, was mit dem Leichnam geschehen soll.

sprach: „Majestät, ich bitte um Verzeihung und Gnade. Möge Ihre Majestät den Bantara Tun Kasturi beordern, hinzugehen und nach dem Leichnam des Verräters Djebat zu sehen, denn Hang Djebat war mein Freund, ich möchte sagen, mein Bruder. Von klein auf liebten wir uns und trennten uns nie, wir fünf Freunde. Wie's dann im Leben gehen kann, Herr, wissen Sie!" Als der König diese Worte des Laksamana gehört hatte, (102) blickte er nach dem Bantara Tun Kasturi, und sagte: „Bantara, gehe du mit dem Laksamana und sieh nach dem Leichnam des Verräters Djebat." Da machten der Laksamana und der Bantara Tun Kasturi ein Sembah und begaben sich nach dem Hause des Laksamana. Tun Kasturi sah den Hang Djebat auf dem Boden liegen, vor dem Tore des Kampong des Bendahara. Der Leichnam war mit Blut besudelt, die Augen waren geschlossen, wie die eines Schlafenden. Da rief Tun Kasturi weinend aus: „O, wie schade ist's, dass der Djebat, mein Bruder, gestorben ist, ohne Nutzen, nicht im Dienste seines Herrn. Wärest du gestorben im Dienste deines Herrn, so wäre ich gewiss der gewesen, der mit dir gestorben wäre." Als Hang Kasturi den Leichnam des Djebat gesehen hatte, verabschiedete er sich vom Laksamana, kehrte zum Könige zurück, und über alles, was er gesehen, stattete er ihm Bericht ab. Der König war hocherfreut und lobte den Laksamana mit den wärmsten Ausdrücken. — Als Tun Kasturi fort war, wurde der Leichnam des Hang Djebat auf Befehl des Laksamana nach dem Haupttor geschleppt, auf den Heerweg, damit er vom Publikum gesehen werden konnte, das nach dem Markte gieng oder vom Markte kam[1]). Als sieben Tage und sieben Nächte verflossen waren, wurde der Leichnam des Hang Djebat an der Heerstrasse aufgehängt.

Jetzt begab sich der Laksamana vor den König. Der Fürst sprach: „Wisst, Bendahara und Laksamana, ich bin Willens, die Astana ins Meer werfen zu lassen[2]). Sputet euch und baut mir eine neue Astana." Der Bendahara und der Laksamana sprachen: „Es soll geschehen, Herr!" Der Bendahara (103) und der Laksamana bauten die Astana, sie wurde sehr schön. Als sie damit fertig waren, bauten sie auch ein Balairung und einen Präsentationsraum. In vierzig Tagen war alles fertig. Da begaben sich der Bendahara und der Laksamana vor den König und sprachen: „Herr, Sie haben uns aufgetragen, eine Astana zu bauen, nun ist sie fertig, samt allem, was dazu gehört. Wollen Sie nun, Majestät, in der neuen Astana einziehen!" Da befahl der König den Bantara's und den Biduwanda's, alles, was sein war, hinüberzubringen. Es wurde alles in die neue Astana hinübergeschafft. Die Raden Emas Aju und die Tun Tidja wohnten nun beisammen, in Eintracht und gegenseitiger Liebe, als wären sie Schwestern. Wenn sie assen, waren sie beieinander, wenn sie schliefen, ebenso. Das verdankte man ausschliesslich dem klugen Walten des Laksamana. Der Laksamana wies den Weg der Liebe auch dem König[3]). Und der König war dem Laksamana überaus wohl gewogen, niemand

---

[1]) Diese Massregel diente dazu, die Leute zu beruhigen.
[2]) D. h.: Ich will die Astana niederreissen und die Trümmer ins Meer werfen lassen.
[3]) D. h.: Der Laksamana gab dem König gute Räte, was er tun müsse, damit diese Eintracht keine Störung erleide.

stand ihm so nahe, auch nicht einen **Tag** wollte er sich von ihm trennen. Was für eine Angelegenheit es auch war, wenn nicht der Laksamana seine Meinung abgegeben hatte, so wurde nichts entschieden, **was der Laksamana sprach, sprach auch der König**. Es gieng nicht an, dass der Bendahara, oder der Tumenggung, oder die Pegawai's, oder die Tun's sich über ein Wort des Laksamana hinwegsetzten. Wohl waren die Pegawai's und die Tun's eifersüchtig auf den Laksamana, aber sie getrauten sich nicht mehr, gegen ihn zu intriguieren, sie scheuten sich, da sie sahen, dass der Bendahara und der Tumenggung fest zum Laksamana hielten. Der Laksamana besass grosse Ländereien an den Gewässern. **(104)** Alles verehrte ihn. Tausend siebenhundert Lanzenträger standen unter ihm, er gab ihnen für ihren Unterhalt ein Monatsgeld. Trotz alledem wurde er nicht hochmütig, er betrug sich wie ein gewöhnlicher Untertan und respektierte die Rechte aller.

Allah weiss, was weiter geschehen ist.